galactik football™

Baptiste

Galactik Football™

LE RÊVEIL D'AKILLIAN
TOME 1

Roman de Jean-Marc Ligny
D'après une série imaginée par
Charles Barrez et Vincent Vandelli

HACHETTE

Produit par Alphanim, France 2.
En association avec Jetix Europe, Audit'Art, Welkin, Hosem, Supersonic et LuxAnimation.
Avec la participation du CNC.
Avec le support de la Procirep, Société des producteurs, Angoa-Agicoa et Film Fund Luxembourg.
Développé avec le support du programme MEDIA de l'Union européenne.

D'après une idée originale de Charles Barrez et Vincent Vandelli.
Créé par AUGIAS Imaginaction Collectif Auteurs : Charles Barrez et Vincent Vandelli,
Pascal Boutboul, Nadège Girardot, Sébastien Oursel, Guillaume Mautalent et Flavien Vandelli.
Scénarios de Charles Barrez, Vincent Bonjour, Guillaume Mautalent,
Sébastien Oursel et Laurent Turner.
Réalisé par Frédéric Dybowski et Antoine Charreyron.

Hachette Livre, 43 quai de Grenelle, 75015 Paris.

PROLOGUE

Lorsque les Humains ont essaimé dans la Galaxie, il y a bien longtemps, ils ont rencontré toutes sortes de peuples vivant sur diverses sortes de mondes, parfois très bizarres. Certains de ces êtres étaient humanoïdes et pouvaient comprendre la pensée humaine, voire se mêler à nos semblables. La plupart accueillirent d'ailleurs les Humains avec joie, intérêt ou curiosité. Ce sont ces peuples-là – les Lightnings, les Wambas, les Shadows, les

Cyclopes, les Rykers, etc. – dont il est question dans cette histoire.

Les Humains s'installèrent sur une petite planète hospitalière, apparemment dépourvue de toute forme de vie intelligente, qu'ils dénommèrent Akillian. Ils y fondèrent une capitale : Arcadia. Ils exploitèrent les ressources locales : métaux rares, sels minéraux, et surtout une eau très pure, exportée vers des mondes plus arides. Ils commercèrent avec leurs voisins humanoïdes, dans la paix, l'équité et l'harmonie…

Jusqu'au jour où les Lightnings leur firent découvrir le Fluide.

Le Fluide est une énergie subtile, présente sur chaque planète. D'où provient-il exactement ? Nul ne le sait avec certitude. Certains avancent qu'il jaillit du cœur brûlant de leur monde ; d'autres prétendent qu'il est émis par leur étoile ; d'autres encore croient qu'il se manifeste lorsque plusieurs planètes sont alignées dans l'espace ; les Wambas, par exemple, supposent qu'il provient du rayonnement de leur lune Ibo.

Quoi qu'il en soit, si le Fluide est différent sur chaque planète, il se manifeste de façon plus ou moins similaire : surgissant après un effort intense, ou sous l'emprise d'une émotion violente, il augmente les capacités physiques et mentales de chacun jusqu'à un niveau proprement magique. Plus de limites à la force, la puissance, l'habileté, la concentration mentale… un pouvoir *surhumain*.

Les Hommes étant ce qu'ils sont, ils devinèrent très vite le profit que l'on pouvait tirer de ce Fluide : devenir des Surhommes ! Or le Fluide d'Akillian – qu'ils dénommèrent le Souffle – était relativement faible et plutôt fantasque : tantôt présent, tantôt désespérément absent… En comparaison, celui d'Obscurantis, la planète des Shadows, ou de Xzion, le monde des Lightnings, paraissait une source de pouvoir inépuisable.

Mais le Fluide ne se vend pas, ne s'exporte pas, ne peut être stocké comme l'électricité. Pour en bénéficier, le ressentir dans son corps et son âme, il faut vivre sur le monde d'où il émane.

Les Humains décidèrent donc d'envahir Obscurantis et Xzion.

Ils déclarèrent la guerre aux Shadows et aux Lightnings.

Les Humains n'en sortirent pas vainqueurs. Tous les peuples s'allièrent contre eux. Les années de guerre – connues sous le nom d'Années Sombres ou de Guerre des Ombres – furent atroces et terribles. Il y eut des mondes à feu et à sang ; des morts par millions ; des races entières faillirent disparaître ; des lunes furent volatilisées. Enfin, après tant d'horreurs, de souffrances et de destructions, les Humains admirent qu'ils ne pouvaient pas gagner ; que l'on ne pouvait pas s'emparer du Fluide comme d'un minerai rare, ni asseoir sa domination sur une chose aussi délicate et volatile... Tête basse, ils retournèrent sur Akillian et se résignèrent.

Du moins, la plupart d'entre eux. Mais, pour certains, cette défaite avait un goût amer. Et réclamait une revanche...

Hormis la guerre, quelle activité humaine nécessite un effort physique intense ou provoque des émotions violentes ?

Le sport, bien sûr.

Pour se racheter, pour reconstruire la paix et l'harmonie détruites par la Guerre des Ombres, les Humains offrirent aux peuples de la Galaxie le seul sport qui les unissait tous : le football.

Ou, plus précisément, le Galactik Football.

Les Lightnings instaurèrent un conseil de sages, nommé Cercle des Fluides, destiné à surveiller et empêcher toute utilisation illégale et dangereuse du Fluide propre à chaque monde. Le Cercle des Fluides décréta que le Fluide ne pouvait être utilisé qu'en un seul endroit et une seule occasion : dans un stade de foot, lors d'une compétition intermondes.

Ainsi fut créée la Galactik Football Cup.

Paradoxalement, ce sport transmis par les Humains aux peuples de la Galaxie fut celui où ils excellèrent le moins : le Souffle d'Akillian étant volatil et fantasque, les équipes humaines eurent bien du mal à défendre leurs couleurs face à la puissante Vague Ionique des Lightnings, au sombre Smog des Shadows, au terrible Cri de Métal des Rykers, ou même au subtil Esprit d'Ibo des Wambas.

Il y a quinze ans, l'équipe d'Akillian, menée par trois joueurs hors du commun – Aarch, son frère Norata et Artegor Nexus —, réussit à parvenir jusqu'à la finale de la Galactik Football Cup, qu'elle disputa contre les

Shadows. Le match, à l'issue encore incertaine à quelques minutes de la fin, semblait basculer en faveur d'Akillian quand un cataclysme d'une extrême violence déferla sur la planète. Le sol trembla, un vent d'une force inouïe balaya le stade, les températures chutèrent brutalement, le ciel dégringola en une tempête de neige et de glace apocalyptique. Le stade ne résista pas à cette furie soudaine des éléments. Le match fut interrompu, l'équipe d'Akillian anéantie, les spectateurs qui ne purent s'enfuir ou se protéger moururent par milliers...

Et la planète sombra dans la torpeur d'un long hiver d'où rien ne semblait pouvoir la sortir.

Quinze ans de neige et de glace...

1. Le retour d'Aarch

« C'est absolument phénoménal ! Il ne reste plus qu'une minute à jouer et les joueurs d'Akillian tiennent toujours tête aux derniers vainqueurs de la Galactik Football Cup. Un partout, les deux équipes sont au coude-à-coude. Du jamais vu ! Akillian se hisse enfin au niveau des meilleurs ! Aarch et ses coéquipiers font preuve d'une incroyable cohésion qui risque fort d'avoir raison de l'endurance des Shadows. Mais tout peut encore arriver ! Aarch récupère la balle sur l'aile arrière gauche… Aarch qui protège bien son ballon… qui passe en retrait à son frère Norata… Norata qui relance immédiatement dans l'axe pour Artegor Nexus. Artegor efface un adversaire, renverse complètement le jeu et donne à Aarch ! Aarch qui dribble un, non, *deux* défenseurs avec une facilité déconcertante ! Il approche de la surface de réparation… Il va armer son tir… Mais – oh non ! *Faute !* Faute du défenseur shadow ! »

En effet celui-ci, soudain matérialisé devant les buts dans une brume filandreuse de Smog noir, se jeta méchamment dans les pieds d'Aarch, l'envoyant culbuter sur la pelouse. Sur les bords du stade, la borne-arbitre accourut, clignotant en rouge sa réprobation. La cage d'exclusion descendit sur le filiforme défenseur des Shadows, l'enveloppa dans son filet de lumière rouge et le hissa à dix mètres du sol.

Le public déchaîné sifflait et huait le défenseur ainsi immobilisé : extrait du jeu durant une minute, telle était la sentence. Mais Aarch, aussitôt relevé, adressa au public et au fautif un geste magnanime genre « Allez, ce n'est pas grave, le match continue », geste qui augmenta immédiatement sa cote de fair-play. Le public l'acclamait : Aarch était très populaire sur Akillian, et son équipe jouait à domicile. Mais il ne se laissa pas griser par cette chance inespérée de remporter enfin une victoire d'envergure contre les tenants du titre : la très convoitée Galactik Football Cup. À moins d'une minute de la fin, les deux équipes étaient toujours à égalité : 1-1. L'instant était crucial.

« Aarch obtient un coup franc ! s'égosilla le commentateur, qui couvrait l'événement pour TTV, la chaîne de la Technoïd. Un coup franc extrêmement bien placé, idéal pour son pied droit magique ! »

Magique, son pied droit l'était en effet, boosté par le Souffle d'Akillian. Aarch disposa soigneusement son ballon, se concentra et fit appel au Souffle. Il se sentit très vite investi de son énergie fabuleuse, qui pulsait de lui en ondes bleutées. À ses côtés, son frère Norata l'encourageait du regard. Face à lui, les deux autres défenseurs shadows et un attaquant venu en renfort, pour remplacer celui immobilisé par la cage. Tous concentrés également, émettant les émanations noires du Smog. Derrière, dans les buts, le goal vêtu de rouge oscillait sur place, cherchant à anticiper la trajectoire de la balle.

Le speaker poursuivait son commentaire :

« Aarch place son ballon… Comme à son habitude, il ne prend que quelques pas d'élan… La foule retient son souffle… Allons-nous assister à un événement sans précédent – la victoire d'Akillian ? »

Le public retenait son souffle : le stade était comble, mais pas un murmure ne provenait des gradins. Les yeux flamboyants, la poitrine gonflée, empli du Souffle au maximum, Aarch prit son élan… Son pied droit frappa la balle avec une force phénoménale, la propulsa vers les buts en une trajectoire elliptique époustouflante, contournant le mur de la défense adverse. Le ballon fusa comme un boulet droit sur le gardien shadow, qui tendit le bras pour l'arrêter…

Il explosa dans sa main.

S'émietta en multiples fragments de glace, qui retombèrent en tintant sur la pelouse.

Aarch, Norata, Artegor et les défenseurs shadows restèrent pétrifiés par ce prodige : jamais un ballon ne s'était comporté de la sorte ! Le goal médusé contemplait sa main, qui elle aussi commençait à geler.

Le terrain se mit à trembler, déséquilibrant les joueurs. Le stade craqua de toutes parts, couvrant les hurlements de la foule paniquée, qui se bousculait en cherchant à atteindre les sorties. Que se passait-il ? Un séisme ?

Au-dessus de l'Arena Stadium, le ciel était devenu d'un noir d'encre. Un froid polaire inconcevable envahissait le stade, gelant toutes choses. La cage qui retenait le défenseur fautif chuta brutalement, écrabouillant le Shadow, qui se brisa lui aussi en cristaux de glace ensanglantée. Le ciel anthracite vomissait à présent d'énormes grêlons qui tourbillonnaient et brisaient tout sur leur passage, chahutés par un vent hurlant descendu des limbes. Les nacelles des entraîneurs s'écrasèrent au sol, celle des médias également. Les projecteurs explosaient, les écrans se lézardaient, la pelouse à l'herbe synthétique, truffée de capteurs, gela immédiatement en myriades de pointes acérées. Dans les gradins, le charivari, à son comble l'instant d'avant, se figeait lui aussi en un pêle-mêle de membres congelés, de corps frigorifiés, d'haleines glacées. Seuls les craquements de l'Arena, dont les équipements et installations se rompaient sous ce gel incroyable, étaient encore audibles au sein des hurlements du vent, des crépitements de la grêle et du grondement du sol qui vibrait toujours.

Vifs et rapides, les Shadows avaient déjà pris la fuite. Ne restaient plus sur le terrain que les joueurs d'Akillian, qui détalaient en tous sens et cherchaient désespérément une issue – tout s'effondrait autour d'eux. Comme les autres, Aarch s'était mis à courir, mais à chaque pas ses pieds gelaient, à chaque inspiration l'air glacé lui cisaillait les poumons. Il entendit derrière lui son frère hurler, voulut se retourner : le sol instable se déroba sous lui…

***

— Aaaaaah ! Nooon !

Aarch ouvre brusquement les yeux, se redresse d'un sursaut dans son fauteuil, regarde autour de lui d'un air égaré.

Il n'est plus sur la pelouse congelée du stade d'Akillian croulant autour de lui dans un ouragan de neige et de glace, mais dans la cabine chaude et confortable du *Tanaga*, son vaisseau personnel – qui porte le nom de la plus belle des deux lunes d'Akillian. Dans le vaste panoramique du poste de pilotage, sa planète natale scintille comme un saphir, d'un bleu presque uniforme depuis qu'elle est figée dans les glaces. Le vaisseau s'en approche doucement… En fait, il met le cap sur Obia, la plus petite et la plus terne des deux lunes, la plus proche aussi, où est installé l'astroport. De là, une navette-taxi le descendra sur Akillian…

Les descendra plutôt – car Aarch n'est pas seul à bord du *Tanaga*.

Son fidèle ami le professeur Clamp l'accompagne. Il se pointe à la porte de la cabine, un testeur optronique en main.

— T'as fait un cauchemar, Aarch ?

Celui-ci se gratte la tête, passe ses doigts dans sa chevelure prématurément blanchie. Il soupire.

— Non, Clamp. Des souvenirs… Tu sais, c'est parfois bien pire.

Clamp – petit, râblé, cheveux gris en bataille, de gros yeux globuleux derrière ses archaïques lunettes teintées, vêtu d'une sempiternelle chemise à manches courtes et d'un pantalon informe – s'approche de lui de sa démarche dandinante, pose une main affectueuse sur son épaule massive.

Bien que vieilli avant l'heure par le traumatisme subi sur Akillian, Aarch est demeuré très imposant, avec sa musculature puissante, son cou de taureau supportant une tête carrée, dont le menton en galoche est adouci par une barbiche blanche taillée en pointe. Blancs également, les épais sourcils étirés jusqu'aux tempes, surplombant des yeux bleus tirant sur le violet, au regard acéré. Son épais costume néo-romantique – veste trois quarts passementée, culotte bouffante sur des hauts-de-chausses cintrés noirs – achève de lui conférer une allure à la fois martiale et aristocratique : l'étoffe d'un seigneur.

— Tout va bien se passer, Aarch, t'inquiète pas ! dit Clamp sur un ton rassurant. Avec tes idées et mes machines, on va faire un boulot du tonnerre. On peut pas se tromper !

— Je l'espère, Clamp…

Celui-ci ne l'écoute plus : de son atelier jouxtant la cabine lui parviennent des grésillements et une odeur de circuits fondus. Il se précipite…

Le « Ferraille » qu'il était en train de réparer – un robot de sa fabrication, qu'il destine à un rôle d'astronavigation afin d'être secondé aux commandes du *Tanaga* – est en totale surcharge : sur la table d'opération, son ventre ouvert est en train de fumer, produisant des étincelles crépitantes. Soudain une explosion en émane, ses deux bras se détachent du torse et tombent au sol.

Clamp se jette dessus pour le débrancher avant qu'il ne prenne feu, empoigne un câble et recule vivement en poussant un cri : cette satanée ferraille lui a brûlé la paume !

Dans la cabine, Aarch retient un sourire. « Non, on ne peut pas se tromper, songe-t-il. Suffit d'effectuer les bonnes connexions… »

Mais, les bonnes connexions, il n'est pas du tout certain de les trouver sur cette planète bleutée qui grossit lentement dans le panoramique, cette planète qu'il a quittée depuis quinze ans… et qui, désormais, lui est étrangère.

***

Depuis ce que l'on a pris coutume d'appeler « la Catastrophe », la vie s'est peu à peu rétablie sur Akillian. Les quelques habitants qui ont choisi de demeurer sur place ont fondé une nouvelle capitale, Arcadia-Nuovo, au pied des ruines de l'ancienne. Quelques villages ont survécu. On tente de timides cultures sous serre, on s'adapte à cette nouvelle vie tant bien que mal… Et parfois l'espoir renaît : parfois le soleil arrive à percer les nuages, parfois la neige se transforme en pluie, parfois les températures remontent au-dessus de zéro… Un jour, croit-on, cette horrible glaciation ne sera plus qu'un mauvais souvenir ; les arbres bourgeonneront de nouveau, les fleurs écloront à l'air libre. Un jour… mais quand ?

Les savants ont attribué cette glaciation aussi soudaine qu'extrême à un basculement de l'axe orbital de la planète, mais n'ont pas réussi à en déterminer la cause. Ils se perdent toujours en conjectures.

En attendant, depuis quinze ans, les Tigres Rouges, la nouvelle équipe officielle d'Akillian, n'ont jamais participé à la Galactik Football Cup. Car – effet secondaire de la glaciation sans doute – le Souffle semble avoir totalement disparu…

Si certains s'en réjouissent – les Shadows

notamment, qui ont toujours gardé une dent contre ces Humains belliqueux –, d'autres, tel Aarch, ne rêvent que d'une chose : revenir, reconstruire, contribuer par tous leurs efforts et leurs moyens à relancer Akillian dans la compétition. Être les témoins, sinon les acteurs, du réveil d'Akillian…

***

C'est une journée exceptionnelle pour Arcadia, l'ancienne capitale figée dans les glaces, sorte d'iceberg aux formes anguleuses sis au bord des Plateaux Venteux, au pied duquel s'étalent les constructions en terrasses d'Arcadia-Nuovo. L'épaisse chape de nuages qui recouvre la planète presque en permanence s'est déchirée en une brume givrante bientôt balayée par le vent, livrant passage aux rayons blancs de Vega, son soleil, et laissant entrevoir le pâle croissant de la lune Tanaga. La neige scintille sur le plateau, aveuglante, les stalactites gouttent au bord des arêtes givrées des bâtiments abandonnés.

À Nuovo, construite à l'abri des vents dominants, les thermomètres ont grimpé au-dessus de zéro, ce qui pourrait presque passer pour de la canicule ! Les habitants ont ouvert portes et fenêtres, se prélassent sur les terrasses, regardent fondre la glace sur les arbres morts – certains vont même jusqu'à inspecter leurs branches en quête d'hypothétiques bourgeons. Serait-ce enfin le printemps d'Akillian, tant attendu depuis quinze ans ? Ou juste une embellie passagère ?

Bellow, bookmaker de son état, n'est pas en reste, vautré dans un canapé sur le belvédère adjoint à sa somptueuse villa, donnant sur un bassin à moitié dégelé. Chauve, gros et gras, des poches sous les yeux, vêtu d'un manteau en fourrure de garo (un des rares animaux à s'être adapté à la rudesse du climat), il étale sa richesse avec ostentation. Richesse officiellement acquise par la vente de billets pour les matches de Galactik Football, clandestinement consolidée par des paris truqués sur lesdits matches… et d'autres activités plus louches et illicites.

Debout face à lui, un hôte de marque, reconnaissable entre mille à ses mèches noires pointues comme des griffes, aux deux longues tresses qui encadrent son visage anguleux, aux lunettes anti-UV qui masquent en permanence ses yeux brûlés par le froid lors de la Catastrophe : Artegor Nexus en personne.

L'ancien défenseur d'Akillian a fait son chemin en quinze ans : « acheté » par les Shadows – avec Aarch –, il a tâté du Smog et l'a trouvé à son goût, améliorant et développant son jeu jusqu'à devenir un pilier essentiel et brillant de l'équipe shadow. Mais il est resté humain malgré tout : la vie sur la sombre et fumeuse Obscurantis a fini par lui peser... Avançant en âge et désireux de revenir sur sa planète natale, il a décidé d'entraîner les Tigres Rouges, l'équipe officielle d'Akillian : la Ligue le paye bien pour ce job et lui a offert un grand bureau dans l'immeuble luxueux de la Fédération. Par un jeu d'influences, il s'est imposé au sein de la Commission d'Homologation de la Ligue, qui sélectionne les équipes aptes à participer à la Galactik Football Cup. Artegor est intimement persuadé qu'il finira président de la Ligue, car, ainsi qu'il le dit lui-même : « Les meilleures places vont aux meilleurs » – et Artegor *est* le meilleur. En tout cas, c'est ce qu'il croit.

Bellow examine une ancienne photo 2D que

vient de lui remettre Artegor. Un petit sourire étire ses lèvres adipeuses. La photo est un portrait d'Aarch, de quinze ans plus jeune.

— Bien sûr que je le reconnais, dit-il en se renversant dans son canapé. Je l'ai vu jouer pas mal de fois quand j'étais jeune. C'était le meilleur attaquant qu'on ait jamais eu… (Il rend la photo à Nexus.) Je n'étais pas du tout au courant de son retour sur Akillian. Pourtant, en ce qui concerne le foot, rien ne m'échappe !

— Son retour sera de très courte durée si vous faites votre boulot correctement, rétorque Artegor.

— Vous en faites pas, monsieur. Pour ce genre de job, y a pas plus efficace que mes hommes et moi.

Bellow est interrompu par l'irruption de ses gardes du corps au bord du bassin, encadrant un gamin au sourire narquois.

— Boss ! Ce mioche veut vous voir…

— Laissez-le passer.

Le gamin – plutôt un ado en fait, mais petit pour son âge – franchit d'un pas nonchalant le ponton de bois qui longe le bassin et rejoint le belvédère. Cheveux noirs en vrac, large manteau blanc à capuche, pantalon bouffant retroussé sur les mollets, snookers blanches aux pieds, un collier de dents de garo autour du cou, une expression perpétuellement railleuse sur son fin visage, des yeux gris malicieux.

— Faudrait voir à améliorer l'accueil, lance-t-il à Bellow. Quelques jolies filles et deux-trois plantes grasses, ça ferait beaucoup plus classe !

— J'ai pas le temps ni l'envie de discuter décoration intérieure avec toi, Micro-Ice, répond Bellow d'un ton rogue. J'espère que t'as une bonne raison de venir me déranger…

Micro-Ice jette sur le canapé une liasse de tickets de Galactik Football. Bellow se lève, ulcéré.

— Me dis pas que t'as vendu aucun ticket ?!

— C'est quand même pas ma faute si personne veut acheter de places pour aller voir ce match de nazes, même à moitié prix !

Bellow lui jette un regard méfiant, ramasse la liasse, commence à la feuilleter.

— Je vais recompter si tu permets…

— Oh, vous avez appris à compter ? Je savais pas ! (Micro-Ice remarque Artegor, planté non loin de lui.) B'jour, m'sieur !

L'entraîneur ne répond pas, l'ignore ostensiblement. « Match de nazes ! Les Tigres Rouges contre les Rykers ! Pauvre cloche ! »

Les vents sempiternels des Plateaux Venteux ont amené de nouveaux nuages, qui déversent tout à coup une pluie glacée : l'embellie aura été de courte durée... Micro-Ice grimace, baisse la tête, se recroqueville dans son manteau : le belvédère n'est pas couvert.

— On dirait que vous n'aimez pas la pluie, jeune homme, lui lance Artegor d'un ton hautain.

— Oh moi, vous savez, j'aime tout... et tout le monde ! Même lui je l'aime ! ajoute-t-il, désignant Bellow qui le toise d'un air mauvais. C'est dire si je suis pas difficile !

— Allez, c'est bon, grogne le gros bookmaker qui a terminé ses comptes. Tire-toi maintenant !

— O.K., puisque c'est demandé si gentiment... Salut les gars, à la prochaine !

Micro-Ice s'engage de nouveau sur le ponton, au bout duquel l'attendent les gardes du corps. Il se retourne au milieu, adressant un petit signe désinvolte à Bellow. Suspicieux, celui-ci examine de nouveau les tickets...

Il a de l'encre plein les doigts.

La pluie qui tombe sur la liasse plastifiée fait baver les couleurs, diluant les motifs imprimés.

Des faux, réalise Bellow atterré. De mauvaises photocopies... Il interpelle aussitôt le garçon de sa voix grasse :

— Micro-Ice ! Qu'est-ce que ça veut dire ?! C'est quoi cette embrouille ?

— Euh..., fait celui-ci, jetant un regard inquiet aux deux sbires plantés à la porte vitrée de la villa. Vous allez sûrement pas me croire mais... les billets... euh... on me les a volés...

— T'as raison, je te crois pas du tout !

Micro-Ice recule de quelques pas, fait volte-face – juste devant les gorilles qui se sont engagés sur le ponton, l'air mauvais. Vif comme l'éclair, il bondit par-dessus le bassin, prenant appui sur une plaque de glace, dégringole les rochers qui le bordent, dévale la pente.

— Qu'est-ce que vous attendez, vous deux ? hurle Bellow à ses hommes. Rattrapez-le !

Les deux sbires jugent du regard la largeur du bassin, tâtent du bout du pied la résistance de la glace et préfèrent finalement emprunter l'escalier de service, perdant ainsi de précieuses secondes.

Artegor Nexus se tourne vers le bookmaker fulminant et lui lance d'un ton narquois :

— Dites-moi, Bellow, vous et vos hommes êtes toujours aussi « efficaces », ou c'est juste pour m'impressionner ?

***

Malgré l'averse, les rues escarpées de Nuovo sont assez animées ; les habitants de la nouvelle capitale y sont habitués, et la pluie est plutôt bon signe : au moins, il ne gèle pas. Parmi la population qui arpente les rues piétonnes se trouve un grand balèze aux cheveux blancs, accompagné d'un petit râblé aux lunettes teintées : Aarch et Clamp.

— Aah ! fait Aarch, contemplant les maisons et les gens avec ravissement. Je suis content d'être de retour, même sous cette pluie !

Au même instant, l'ondée s'arrête : le climat change toujours très vite sur Akillian, passant du juste froid au glacial ou du soleil au brouillard givrant en un temps record.

— Eh bien, il suffisait d'en parler pour qu'elle cesse, remarque Clamp en tendant la main.

Ni lui ni Aarch n'ont l'idée de lever la tête – ils auraient vu un gamin bondir au-dessus d'eux, sautant d'un toit à un autre. Né à Nuovo, Micro-Ice connaît par cœur cette ville bâtie à flanc de colline, adossée aux ruines imposantes de l'ancienne capitale. Pour lui, les rues ne sont pas toujours le chemin le plus court ni le plus pratique : toits, escaliers, terrasses, galeries et rochers constituent souvent un itinéraire sinon plus court, du moins bien plus *fun*.

Cependant, les deux gorilles lancés à ses trousses sont aussi des gars du pays. Il ne parvient pas à les semer, les repérant à chaque fois dans la rue où il s'apprête à descendre. Alors Micro-Ice prend des risques, court sur des terrasses plus élevées, franchit d'un saut périlleux des avenues plus larges, glisse sur des toits transformés en patinoires par le retour subit du gel. Au cours d'un slalom à peine contrôlé entre des panneaux solaires plantés sur un toit pentu (des feuilles d'amium enroulées sur elles-mêmes, qui se déploient lorsqu'elles sont activées par les rayons de Vega), il bute soudain sur une entretoise et perd l'équilibre. Il percute en vol plané l'un des panneaux solaires. Sous le choc, la feuille s'arrache de son socle et se déplie sous Micro-Ice, devenant ainsi une sorte de luge improvisée. Mais l'amium est un métal très lisse, et la « luge » n'a pas de freins. Hurlant de frayeur, il prend de la vitesse sur le toit pentu, s'envole dans les airs… Et atterrit dans une congère, soulevant un nuage de neige, juste devant Aarch et Clamp sidérés.

Tous deux considèrent un moment cette espèce de sac de métal brillant, qui se met à bouger… En sort la tête de Micro-Ice, à moitié sonné. Aarch retient un sourire.

— Ça va, petit ? Pas trop de mal ?

Il lui tend la main pour l'aider à se relever.

— Euh non, j'crois pas… Merci m'sieur !

Apercevant les hommes de Bellow au bout de la rue, Micro-Ice repart à toutes jambes. Devant Aarch et Clamp, les deux sbires essaient d'avoir l'air de rien mais, sitôt qu'ils les ont dépassés, ils se lancent de nouveau à la poursuite de Micro-Ice.

— Tu m'avais pas dit qu'il pleuvait aussi des gamins par chez toi, plaisante Clamp.

Aarch ne sourit pas. Sourcils froncés, il regarde les deux hommes s'éclipser au coin de la rue.

— Mouais… Ces types-là n'ont pas l'air de vouloir lui offrir des bonbons, à ce gamin.

— Bah ! (Clamp hausse les épaules.) C'est pas notre affaire, après tout.

— T'as raison. Allons voir l'Arena Stadium… du moins ce qu'il en reste.

***

Maïa habite dans une belle maison rose aux grandes baies vitrées, adossée à un majestueux cédryan – un arbre parmi les plus imposants d'Akillian, qui peut atteindre cent mètres de hauteur et dont le tronc aux multiples racines mesure aisément dix mètres de diamètre. Contrairement à la plupart des végétaux, gelés ou en léthargie, le cédryan de Maïa a conservé son feuillage, certes roussi par la neige et le froid mais qui ne demande qu'à reverdir.

Maïa prétend que c'est l'arbre qui lui confère son pouvoir, mais certains soupçonnent qu'au fond de la grotte où elle officie, creusée entre les racines du cédryan, elle aurait capté une source infime du Souffle d'Akillian… bien que celui-ci n'ait jamais permis de deviner l'avenir.

Car Maïa est voyante.

Elle interprète la destinée de ses clients d'après les éclats et reflets qui émanent de sa boule de cristal de roche, selon des combinaisons connues d'elle seule. Elle se trompe rarement, ce qui lui vaut une clientèle importante, venue de toute la planète. Maïa reçoit même des membres éminents du Præsidium, le gouvernement d'Akillian, qui viennent incognito quérir son avis éclairé sur un projet de loi ou les résultats d'une campagne électorale... « Si les Akilliens savaient que telle ou telle décision gouvernementale résulte des prédictions d'une voyante ! » songe parfois Maïa avec ironie. Mais, bien sûr, elle est tenue au plus grand secret.

Celui qui est venu la voir aujourd'hui se donne une allure austère sous son habit et son capuchon de moine, mais il n'est certainement pas membre d'une congrégation religieuse. Lèvres pincées, Maïa le scrute de ses yeux si clairs qu'ils sont presque incolores. Un regard qui en impose, voire indispose... Son épaisse chevelure rousse serrée sous un bonnet violet, son visage maigre et anguleux, et les anneaux d'or qui ornent ses oreilles achèvent de lui conférer une aura de mystère et d'exotisme qui accentue la confiance de ses clients – et la méfiance de ses détracteurs.

— Que voulez-vous savoir au juste ? demande-t-elle à son consultant, assis tête basse en face d'elle, le visage dissimulé sous son capuchon gris.

— Ce qui va m'arriver, répond-il d'une voix un peu trop juvénile pour son accoutrement. Le reste… je le sais déjà.

— Très bien, opine Maïa.

Paupières closes, elle se concentre, effectue quelques passes au-dessus de sa boule de cristal, qui bientôt s'élève dans les airs en émettant des lueurs mauves. Lorsqu'elle rouvre les yeux, ce ne sont pas ces éclats qui attirent son regard, mais celui d'un bracelet au poignet de son client : un morceau de nacre serti entre des perles de bois enfilées sur une lanière de cuir. Un bracelet qu'elle connaît bien…

— Vous voulez que je vous dise ce qui va vous arriver ? reprend-elle sèchement. C'est très simple : soit tu retires ta capuche et tu t'excuses, soit tu continues à me prendre pour une imbécile et je te prive de sortie pendant au moins deux semaines !

— Q-quoi ? Mais qu'est-ce qui vous prend ? balbutie le client.

— D'jok !..., soupire Maïa, excédée.

Démasqué, il rabat sa capuche, révélant ses joues rondes, son menton pointu, ses cheveux roux, ses yeux verts et son air contrit.

— Comment tu m'as reconnu ?

— Je suis voyante, tu sembles l'oublier, réplique Maïa en réprimant un sourire devant la pauvre mascarade du garçon.

— Ouais, pourtant je suis le seul à qui tu ne veux pas lire l'avenir.

— Tu ne vas pas recommencer avec ça !

Boudeur, D'jok se lève, va se planter bras croisés devant la fenêtre percée dans le mur de maçonnerie qui bouche l'entrée de la grotte, et que Maïa a ouverte afin de profiter du redoux. Il se retourne, s'écriant avec véhémence :

— Non mais c'est pas juste ! Déjà que tu ne veux rien me dire sur mon passé, tu pourrais au moins me lire l'avenir ! Je suis sûr que j'ai un grand destin, un destin hors du commun même. Je le *sens* ! Je suis pas ton fils pour rien !

— Adoptif seulement, D'jok. Tu le sais.

Oui, D'jok le sait, mais c'est à peu près la seule chose qu'il connaisse de ses origines.

Maïa l'a recueilli tout bébé et l'a élevé comme son propre enfant – mais qui est sa vraie mère au juste ? Et son père ? Où sont-ils ? D'où vient-il ? Pourquoi Maïa n'a-t-elle jamais voulu le lui révéler ? C'est pour le savoir – et connaître cette grandiose destinée à laquelle il se sent ou se croit appelé – qu'il essaie par tous les moyens de lui tirer les vers du nez. Il se grime ou se déguise afin de se faire passer pour un consultant étranger, il envoie ses copains Thran ou Micro-Ice ; il essaie, en l'absence de Maïa, de lire lui aussi dans la boule de cristal, il tente par des questions détournées de lui faire avouer son secret… Peine perdue : Maïa est voyante, comme elle vient de le lui rappeler, elle déjoue aisément tous ses stratagèmes.

— Oui mais justement, réplique-t-il, j'aimerais…

Il est brutalement coupé par une masse surgie de la fenêtre qui lui tombe dessus et l'envoie bouler sur le dallage. Il pousse un cri d'effroi : un garo ? Il paraît que ces terribles loups blancs aux dents de sabre s'aventurent parfois jusqu'en ville en période de grand froid… Mais aujourd'hui, il ne fait pas froid. Enfin, pas trop.

Ce n'est que Micro-Ice, qui se redresse tout essoufflé.

— Ahhh ! Ouf... Euh... B'jour, m'dame ! Salut, D'jok...

Celui-ci se relève à son tour, vexé d'avoir eu peur pour rien.

— Tu peux pas utiliser les portes comme tout le monde ?!

— Ah ouais ? T'as vu une porte ici, toi ?

En effet, la seule issue à la grotte de Maïa – hormis la fenêtre – est un escalier scellé dans la roche qui mène à une grande trappe ronde au plafond, donnant sur le salon de la maison, au rez-de-chaussée.

Maïa scrute Micro-Ice avec suspicion, tandis qu'il se poste au coin de la fenêtre pour regarder dehors. Il se recule vivement : sur le passe-pied en dessous, taillé dans la colline, passent en courant les deux gorilles de Bellow... Ils vont jusqu'au bout du chemin, lequel se perd dans un dédale de roches, de ruines et de buissons congelés. Nulle trace de pas dans la neige durcie... Ils se retournent, observent les maisons alentour : ce satané gamin a pu s'engouffrer dans n'importe laquelle, impossible d'aller fouiller.

— Tant pis, laisse tomber, dit le plus jeune des gardes du corps à son collègue. On l'aura la prochaine fois.

— Qu'est-ce qu'on va dire au boss ?

Le premier hausse les épaules.

— J'sais pas, moi… T'auras qu'à inventer une histoire.

— Moi ? Pourquoi moi ? C'est toi qu'as dit de laisser tomber, j'te signale !

Tout en se disputant, les deux sbires empruntent un escalier qui descend vers le centre-ville. À la fenêtre, Micro-Ice les regarde s'éloigner avec un « ouf » de soulagement.

— Dis-moi, Micro-Ice, intervient Maïa, tu ne t'es pas fourré dans de sales draps, j'espère ?

— Oh non, m'dame ! Je… On… jouait juste à cache-cache.

— Hum… Je n'ai pas besoin de consulter ma boule de cristal pour deviner que tu as encore fait des bêtises.

2. Retrouvailles

Tout comme Maïa, Rocket a investi une grotte au pied d'un grand cédryan, dont les racines noueuses se mêlent aux stalactites et parois de glace. Mais cet arbre-ci est bel et bien mort, et Rocket n'a pas aménagé sa grotte pour y exercer un talent de voyant. Rocket n'est pas voyant, mais passionné de Galactik Football.

En secret.

En secret, car son père Norata ne veut plus entendre parler de Galactik Football ; il est hors de question que son fils s'y adonne. Or, c'est ce qui est interdit qui est excitant ! Et le Galactik Football est un sport – et un spectacle – des plus attirants qui soient. Dans sa grotte, Rocket a accroché des fanions et posters de ses équipes et joueurs favoris : le grand Warren bien sûr, capitaine des Lightnings et meilleur buteur de toute la Galaxie, LA star du GF ; la terrible Kernor, gardienne des Rykers, qui défend ses buts comme un chevalier son château ; la belle Lûn-Zaera, attaquante des Wambas, que tout joueur de GF rêve d'avoir dans son équipe – voire dans son lit ; et surtout Aarch, son oncle, à qui Rocket voue un véritable culte. Être le neveu de celui qui a presque fait remporter la Cup à l'équipe d'Akillian emplit Rocket de fierté, une fierté qu'hélas il ne partage pas avec son père. Selon Horata, Aarch est mort et enterré – ou exilé chez les Shadows, ce qui revient au même. Cette « trahison », Norata ne l'a jamais pardonnée. Jamais.

De son côté, Rocket ne se contente pas de vénérer Aarch ! Il collectionne les effigies des stars du GF et visionne des matches en douce sur l'holoTV familiale. Toujours en secret, il s'entraîne. Économisant sou à sou les pourboires que lui rapporte la livraison des fleurs cultivées par son père, il a réussi à s'acheter un ballon. Dans les parois de glace de sa grotte, il a gravé une dizaine de repères à différentes hauteurs et positions – de difficulté croissante – qu'il s'efforce d'atteindre par des tirs bien ajustés. Or, c'est devenu trop facile : il fait des sans-faute presque à chaque coup… Il va devoir trouver autre chose. L'idéal serait bien sûr de s'intégrer à une équipe, ou simplement d'aller taper le ballon avec une bande de copains sur les Plateaux Venteux… Mais comment faire, avec une surveillance paternelle constante et scrupuleuse ? Rocket n'a même pas de copains, en tout cas aucun qui soit fan comme lui de Galactik Football – son père y veille.

Alors il se défoule avec son autre passion : la vitesse. Cela, Norata y consent. Pour ses quinze ans, il lui a offert un jet-snow, avec lequel Rocket se libère de ses frustrations en des courses folles dans les montagnes ou sur le plateau. En outre, joignant l'utile à l'agréable, le jet-snow lui sert à livrer les bouquets et compositions florales que Norata réalise avec amour et compétence dans ses serres chauffées.

C'est d'ailleurs ce qu'il est censé faire, alors

qu'il réussit un énième sans-faute en visant pile-poil le trou dans la glace à côté du repère 10. En attendant, le magnifique panier floral de la famille Matto est en train de geler sur le jet-snow ! Il ferait mieux d'aller le livrer avant que les fleurs soient toutes racornies...

Il jette un regard mêlé de dévotion et de fierté au poster grandeur nature de son idole qui trône au milieu des stalactites.

— Ouais, t'as raison, Aarch. Faut que j'aille livrer ces fichues fleurs avant que papa me fasse la peau...

Rocket dissimule soigneusement son ballon dans une anfractuosité – peu probable que son père découvre son repaire, mais on ne sait jamais –, zippe son manteau gris, enfile ses gants, enfourche son jet-snow et part à fond la caisse sur les pentes enneigées.

***

Pendant ce temps, dans son vaste chalet de bois aux vitres embuées par les plantes foisonnantes qui le garnissent, Norata se livre à un essai de couleurs sur des lépidodendrons plutôt brunâtres, guère esthétiques a priori. Dans les serres, ses cultures ont beau bénéficier de tout ce dont elles ont besoin – chauffage modulé, éclairage *a giorno*, terreau au pH scientifiquement calculé, irrigation contrôlée par ordinateur, etc. —, l'absence des rayons bienfaisants de Vega se fait cruellement sentir : ses fleurs ont souvent des teintes ternes, des jaunes pisseux, des bruns peu ragoûtants. Aussi a-t-il inventé une composition chimique dont quelques gouttes suffisent pour leur redonner immédiatement des couleurs éclatantes. Mais l'effet ne dure pas, c'est pourquoi il vend avec ses bouquets une solution nutritive intégrant cette composition. Tricherie ? Pas du tout : un plus, un service exclusif de l'entreprise Norata, qui enchante sa clientèle et lui vaut d'abondantes commandes.

Aujourd'hui, il essaie un violet cardinal qu'il a eu bien du mal à mettre au point. Quelques gouttes dans une pipette, déversées avec précaution au centre du calice... Le produit se diffuse dans les nervures des feuilles, qui prennent bientôt une jolie teinte mauve. Il faut voir maintenant si le dosage est correct, si cette solution ne va pas griller la plante, si la teinte va tenir à l'arrosage...

Norata entend la porte de son labo s'ouvrir, mais ne relève pas la tête, tout à sa délicate expérience : c'est sans doute Rocket, de retour de sa livraison…

— Enfin, te voilà ! Tu en as mis du temps !

— Tu as raison… Effectivement, c'est très long quinze ans.

La voix n'est pas celle de Rocket : plus grave, plus âgée. Norata se redresse brusquement, mais se retient de se retourner.

— Aarch, murmure-t-il. Je n'y crois pas…

Aarch promène un regard admiratif sur le labo-atelier.

— Je vois que tu n'as pas perdu la main, Norata… Les fleurs ont toujours été ta passion, d'aussi loin que je me souvienne.

Norata se décide quand même à faire face à son frère. Autant Aarch, footballeur à la longue carrière, est demeuré massif et musclé, autant Norata, handicapé par sa jambe artificielle, a fondu, maigri, les traits creusés par la souffrance et la solitude. Seules ses fleurs parviennent parfois à étirer une ombre de sourire sur ses lèvres minces au pli amer.

— Que puis-je faire pour vous, monsieur ? émet-il d'un ton froid.

— *Monsieur ?!* relève Aarch offusqué. Je n'ai quand même pas changé à ce point ! Enfin, ne me dis pas que tu ne reconnais pas ton frère ?

Norata fait pivoter son fauteuil, fixe Aarch avec colère.

— Vous devez faire erreur, monsieur. J'ai eu un frère autrefois, c'est vrai. Mais il a disparu au moment où tout le monde avait le plus besoin de lui… Surtout moi. Depuis ce jour, pour moi, il est aussi mort que cette jambe.

Il tend la jambe artificielle – *made by Technoïd* – qui remplace celle qu'il a perdue lors de la Catastrophe, gelée et brisée dans les décombres de l'Arena Stadium, il y a quinze ans.

— Je suis sincèrement désolé pour ta jambe, mais je n'y suis pour rien. Si j'étais resté, ça ne te l'aurait pas rendue.

— Si mon *frère* était resté, j'aurais réussi à surmonter cette épreuve. (Norata refait pivoter son fauteuil, se penche de nouveau sur ses lépidodendrons violets.) Maintenant, si vous voulez bien avoir l'obligeance de me laisser… J'ai beaucoup de travail.

Aarch cherche une réplique pertinente qui permettrait de briser la glace entre les deux frères, quand il est distrait par la porte du labo qui coulisse de nouveau. Rocket fait irruption, couvert de givre et tout échevelé, la figure rougie par le vent et le froid.

— C'est bon, papa. J'ai livré sa commande à la famille Matto, ils sont… (Un coup d'œil à Aarch.) Bonjour, monsieur… Ils sont vraiment ravis. Mme Matto a trouvé ta composition florale superbe, elle…

Rocket s'interrompt de nouveau, dévisage avec plus d'attention cet inconnu planté à la porte du labo. Ses yeux noisette s'écarquillent de surprise.

— Hé, mais… Vous seriez pas…

— Au revoir, Norata ! salue Aarch, qui regagne la sortie.

— Mais…

Rocket jette un regard à son père, penché d'un air buté sur ses fleurs, puis suit Aarch dehors.

— Rocket ! gronde Norata. Reviens ici immédiatement !

Son fils ne l'écoute pas : d'ici que le vieux se lève et le rejoigne, avec sa jambe de droïde…

— Hé, m'sieur ! Attendez ! Vous êtes Aarch, je me trompe ? Vous êtes mon oncle, pas vrai ?

— Oui, admet Aarch avec un sourire. Et toi, tu dois être mon neveu Rocket, c'est bien ça ?

— Oui, monsieur... c'est ça, opine Rocket en rougissant.

— Tu ressembles beaucoup à ton père, quand il avait ton âge.

Rocket rougit de plus belle, intimidé de rencontrer enfin son oncle en chair et en os. En effet, il possède le même visage allongé que Norata, le même menton en galoche (trait distinctif de la famille) qu'il s'efforce de masquer sous les trois poils qui lui servent de barbiche. Une abondante chevelure châtain ornée de quelques dreadlocks donne un peu de volume à sa tête étroite.

— Je préférerais vous ressembler, monsieur. Euh... j'ai des posters de vous...

— ROCKET ! rugit Norata dans le labo.

— Au revoir, Rocket. On se reverra peut-être...

— Je... je l'espère, monsieur. (Il voudrait lui serrer la main, mais il n'ose pas.) Au revoir... Aarch, murmure-t-il dans le dos de son idole qui s'éloigne déjà.

***

— J'comprends pas. J'les avais pourtant laissés par là !

À genoux sous son hamac antigrav, Micro-Ice est en train de fouiller dans le foutoir indescriptible que constitue sa chambre, sous les combles de la maison familiale. Assis sur un pouf (qu'il a dû débarrasser d'une pile de *GF-Mag*, la revue de référence sur le Galactik Football), D'jok observe son manège d'un air goguenard.

— Ouais, c'est bizarre, sérieux, comment c'est possible de paumer des tickets dans une chambre aussi bien rangée ?

— D'jok, j'te jure, c'est pas marrant, soupire Micro-Ice en balayant du revers de la main une pile de livres scolaires. Si jamais je les retrouve pas vite fait, je suis un homme mort !

— T'avais qu'à y penser avant de faire du bizness avec ces truands. (D'jok décapsule une canette de SuperForm, la boisson vitaminée des sportifs, s'en enfile une rasade et poursuit.) Quelle idée, aussi, de leur refiler des scans ! T'as cru que Bellow remarquerait pas ?

Micro-Ice se relève, se cogne dans son

hamac qui oscille doucement sur ses sustentateurs antigravité. Ça le met en rogne.

— J'avais pas prévu qu'il pleuvrait dessus. Et puis, si c'est pour me prendre la tête, c'était pas la peine de venir !

D'jok hausse les épaules, se lève, gagne la fenêtre pentue qui donne sur la colline. Il se penche, intrigué : dehors, dans la neige immaculée, se dessinent des traces de pas bien nettes. Juste sous la fenêtre.

— Hé, Micro-Ice, viens voir !

Le garçon le rejoint, découvre à son tour les empreintes.

— Apparemment, t'es pas le seul à passer par les fenêtres, remarque D'jok. C'est des Techno-Sizor 128… la même marque que les miennes. Mais je te rassure tout de suite, c'est pas moi qui t'ai piqué les tickets, précise-t-il en montrant ses pieds chaussés de snookers ordinaires.

— O.K., si c'est pas toi, alors tout va bien ! T'es toujours mon meilleur pote. Sérieux, D'jok, faut vraiment que je les retrouve, sinon…

— Ouais, je sais : t'es un homme mort. Mais t'en fais pas, on va le choper, ton voleur de tickets.

***

« C'est le grand retour d'Akillian sur la scène footballistique interplanétaire depuis ce fameux match, resté dans toutes les mémoires, qui fut interrompu par la grande Catastrophe. Et le moins qu'on puisse dire, c'est que ça démarre mal : 3-0 pour les Rykers après seulement dix minutes de jeu, le score est sans appel !… »

Sur le terrain de l'Unadar Stadium, les Tigres Rouges ne sont pas à la fête. À peine ont-ils réussi à récupérer la balle et tenté une passe que l'ailier est bousculé par une attaquante ryker aussi féline qu'agressive. Elle projette son Cri de Métal – le Fluide d'Unadar, qui se manifeste par de grésillantes décharges électriques –, bondit avec le ballon à une hauteur incroyable et, d'un tir puissant, l'envoie droit sur un défenseur des Tigres Rouges qui se révèle incapable d'arrêter un tel missile. Il reçoit le ballon en plein ventre, est propulsé avec lui jusque dans les buts, où il achève son vol plané en s'effondrant contre son propre gardien dans un enchevêtrement de bras et de jambes.

« Et de quatre ! s'époumone le speaker de la TTV. 4-0 ! Le mot "correction" me semble parfaitement adapté à la situation, et ce n'est pas Artegor Nexus qui va me contredire. L'ancien défenseur d'Akillian ne savait sûrement pas dans quelle galère il s'embarquait en acceptant d'entraîner l'équipe des Tigres Rouges… »

Dans la nacelle suspendue réservée au staff technique, devant son écran de contrôle, Artegor s'arrache les cheveux.

— Aaarrrh ! fulmine-t-il. Quelle bande d'incapables !

Sur le terrain, les joueurs ont repris position. Le ballon jaillit du trou central, s'élève… et retombe pile dans les pieds de l'attaquant tigre rouge, qui voit enfin l'occasion de mener une action. Mais sa rivale ryker lance un méchant Cri de Métal qui paralyse le pauvre joueur sur place, tout crépitant d'électricité statique. Elle n'a aucun mal à récupérer la balle et les Rykers se lancent de nouveau à l'assaut des buts akilliens…

Addim empoigne sa télécommande et coupe l'holoTV.

— Je t'épargne le reste, dit-elle à Aarch, venu lui rendre visite dans son bureau vaste et clair, au premier étage de l'immeuble high-tech de la Fédération. On a perdu 10-0. Et encore, j'ai l'impression que les Rykers ont levé le pied en fin de match pour ne pas nous humilier davantage… (Aarch hoche une tête compatissante.) Comme tu as pu le constater, le Souffle d'Akillian a totalement disparu. Il est loin le temps où nous pouvions espérer rivaliser avec les meilleures équipes de la Galaxie…

Addim – une jeune et jolie brune, qui se donne un air sévère avec son chignon et son costume strict – soupire, puis reprend :

— Enfin bon, personnellement je n'ai aucune raison de me plaindre : j'ai une bonne situation, un titre ronflant – présidente de la Fédération d'Akillian – et je gagne bien ma vie. Mais le football est devenu un sport de snobs sur notre froide planète…

— Je vois ça, opine Aarch.

— Et toi, sinon, qu'est-ce qui nous vaut le plaisir de ton retour parmi nous ?

— Je suis venu créer une équipe.

— Quoi, ici ? Sur Akillian ? (Addim se lève, contourne son bureau.) Tu sais, Aarch… les gens ne voient pas ton retour d'un très bon œil. Ce n'est pas mon cas, hein, bien évidemment, mais ça jase énormément depuis que tu es ici.

Il faut les comprendre, aussi : tu es parti comme un voleur...

— Mais je les comprends ! D'ailleurs, je suis revenu pour me racheter à leurs yeux. Et aux miens...

— Le Galactik Football n'a plus aucun avenir sur Akillian. Ouvre les yeux ! Tu vas perdre ton temps !

— Justement, ça tombe bien, réplique Aarch. J'ai du temps à perdre en ce moment.

Sur ces mots, il quitte le bureau d'Addim et le bâtiment de la Fédération, aussi luxueux qu'inutile. À croire que la Ligue ou les sponsors du GF – la Technoïd en premier lieu – ont de l'argent à jeter par les fenêtres...

Debout derrière la grande baie vitrée, Addim observe Aarch, qui se tient sous le porche du bâtiment. Il semble contempler le désert de neige et de glace que sont devenus les Plateaux Venteux, comme s'il cherchait dans ces étendues désolées un signe de la renaissance d'Akillian... Elle aurait presque pitié de lui.

Un appel d'Artegor Nexus la ramène à son bureau. Dans l'écran, l'entraîneur des Tigres Rouges affiche une expression hautaine derrière ses sempiternelles lunettes anti-UV. Addim lui résume son entretien avec Aarch.

— Et tu lui as donné ton autorisation ?! gronde-t-il comme s'il la réprimandait – comme s'il détenait sur elle un quelconque pouvoir.

Elle s'irrite de son ton supérieur :

— Il ne me l'a pas demandée, figure-toi !

— Heureusement que je ne comptais pas sur toi pour m'en débarrasser, souligne Artegor avec un petit sourire condescendant.

— Et je peux savoir sur qui tu comptes, au juste ?

Mais l'écran vire au blanc : Artegor a coupé sans répondre.

3. MAUVAISES RENCONTRES

Profitant d'un bref retour du soleil, D'jok, Thran et Micro-Ice ont décidé d'aller taper le ballon sur un terrain plat qu'ils ont aménagé en bordure de la cité. Ils ont balayé la neige, tracé des lignes à la peinture blanche dans l'herbe racornie, construit des buts à l'aide de tubes et de longerons récupérés dans les ruines de l'ancienne capitale. Ahito, le frère de Thran, a promis qu'il les rejoindrait après sa petite sieste.

En chemin, D'jok teste du bout du pied le ballon que Thran a apporté, « amélioré » par lui-même. Car Thran – un peu plus grand que Micro-Ice, courts cheveux bruns, nez épaté, yeux noirs en amande dans un visage rond – est très bricoleur et fasciné par la technologie. Lorsqu'il regarde un match de Galactik Football, les aménagements techniques du terrain l'intéressent presque autant que la partie qui se déroule dessus. Le ballon rebondit mollement sur le pied de D'jok, au lieu de vriller comme il le devrait.

— Je l'ai encore perfectionné, explique Thran. Maintenant, il calcule la vitesse de la frappe exactement comme les ballons officiels de la Cup.

D'jok attrape le ballon, le soupèse dans ses mains.

— Il n'est pas un peu lourd ?

— C'est à cause du dispositif à l'intérieur. Faudra que je trouve un moyen de l'alléger…

D'jok refait quelques essais, tête/pied, tête/pied. Cette fichue balle lui donnerait presque mal au crâne. Assis dans l'herbe au bord de l'escalier, Micro-Ice le regarde d'un air morose. Il se lève soudain et s'éloigne sans un mot dans l'escalier.

— Qu'est-ce qu'il a ? s'enquiert Thran.

— Des ennuis… comme d'habitude, répond D'jok.

— Tu crois qu'on peut l'aider ?

— Pas vraiment.

— Ouais… comme d'habitude, quoi.

Non loin de là, assis dans un autre escalier grimpant au milieu d'un chaos rocheux, Sined et sa bande jouent aux GF-Cards, un jeu très prisé par les fans de Galactik Football, qui consiste à opposer différents joueurs en calculant leurs cotes, atouts, puissance de tir, capacités de défense ou habileté au dribble, etc. Les cartes elles-mêmes font l'objet de collections et d'un fructueux marché d'échanges. Sined abat son atout majeur : Warren.

— Et de dix ! Oh, j'ai encore gagné ! Je suis vraiment trop fort.

Cheveux noirs, yeux violets, sourcils épais, nez en pointe au milieu d'un fin visage triangulaire au menton volontaire, vêtu avec élégance (pantalon blanc à pattes noires, blouson de cuir aux épaulettes rembourrées et col montant), Sined est beau et il le sait. Nombreuses sont les filles qui lui tournent autour, ce qui l'emplit de fierté – pire : d'arrogance. Il se croit supérieur à tout le monde, et le prouve sans peine dans maints domaines : la drague, le foot… et les GF-Cards. Sa crânerie dédaigneuse en agace plus d'un mais en fascine d'autres, comme les trois gugusses qui constituent sa bande, tout dévoués à leur « chef ».

— C'est pas juste, proteste néanmoins Billy, un grand blond maigrichon. C'est la quatrième fois d'affilée que tu gagnes !

— Désolé, mon pote, j'y suis pour rien si t'es nul.

Avec un sourire de triomphe, il ramasse lentement les cartes perdues par Billy.

Sur ces entrefaites arrivent Thran, D'jok et Micro-Ice – ce dernier arrête ses amis de son bras tendu.

— D'jok, est-ce que tu vois ce que je vois ?

Ce qu'il voit, ce sont les chaussures de Sined, sortant du large pantalon blanc à pattes noires. Des Techno-Sizor 128… Comme de juste, il se chausse et s'habille avec de la marque, le top du top pour les champions comme lui.

Micro-Ice s'avance vers lui avec un sourire narquois.

— Sympas, tes pompes ! Et puis elles laissent de belles empreintes…

Sined le scrute en fronçant les sourcils.

— Je pige pas ce que t'essayes de m'dire, gamin.

— Écoute-moi bien, Sined ! se fâche Micro-Ice. Je sais que c'est toi qui m'as piqué les tickets !

— Quels tickets ?

— Fais pas l'innocent ! T'es venu chez moi et t'as fouillé ma chambre !

— Oh ! sourit Sined, qui adresse un clin d'œil à ses copains. Si je comprends bien, on t'aurait volé quelque chose ? Comme c'est émouvant, Micro-Ice. Tu me diras à quel moment j'dois pleurer !

— Hé, les gars ! Il a pas seulement des super pompes... il a aussi un magnifique Magnet-Board tout neuf ! s'écrie D'jok, dressé sur un rocher, brandissant l'engin en question : une planche de glisse idéale pour surfer sur tous terrains.

Billy et les autres se ramassent, prêts à bondir sur le rocher – Sined leur intime d'un geste de n'en rien faire : il tient trop à son Magnet-Board, et ce cinglé de D'jok pourrait le casser avant que ses potes réussissent à l'atteindre.

— Rends-moi ça tout de suite, t'entends !

— Pas tant que t'auras pas rendu ses tickets à Micro-Ice.

— Tu peux vraiment rien faire sans D'jok, hein ! persifle Sined entre ses dents serrées, à l'adresse de Micro-Ice.

— Ça sert à ça les amis, pas vrai ?

Tous deux se défient du regard – Sined croise également celui de Thran, plutôt mauvais. À quatre contre trois, il aurait une chance de sortir vainqueur d'une baston, mais D'jok brandit toujours son Magnet-Board et Sined craint autant de le perdre que de se prendre un mauvais coup. Il a une autre idée.

Il adresse un nouveau clin d'œil à sa bande sur la défensive, recule d'un pas, prend un air résigné.

— O.K., O.K… c'est bon, t'as gagné. Je te ramènerai les tickets demain matin sans faute, devant la Grande Faille. (Il se tourne vers D'jok, tend vers lui un doigt péremptoire.) Et s'il y a un seul pet' à mon Board, je m'occuperai de toi, D'jok !

— Quand tu veux, Sined, sourit ce dernier, le Magnet-Board sous le bras.

Sined fait signe à sa bande et redescend l'escalier en grommelant :

— J't'aurai, mon salaud.

Il doit cependant reconnaître que D'jok est

plus costaud que lui. Sined peut rameuter tous ses potes, demain matin devant la Grande Faille, mais D'jok et Micro-Ice risquent d'en faire autant. Or Sined n'aime pas trop se battre, ce n'est pas l'un des domaines où il est le plus fort. Ses défis, il préfère les relever balle au pied, cartes en mains, ou encore à la tchatche devant une belle nana. Ce rendez-vous n'était pas une très bonne idée, finalement. Il ferait mieux de laisser Bellow et ses gorilles s'occuper de ces morveux... Oui, voilà qui est bien mieux.

***

Après avoir déposé le Magnet-Board chez Thran (plus sûr que chez Micro-Ice ou D'jok, la grotte de Maïa étant très connue) et réveillé son frère Ahito, profondément endormi comme à son habitude, les quatre compagnons se rendent à la Cafétéria, leur bar favori, pour assister au match Lightnings contre Shadows. Ils pourraient le voir chez l'un ou l'autre, mais la Cafétéria a des canapés confortables, il y a à boire et à manger, et surtout un écran géant qui permet de s'immerger davantage dans le match.

À peine sont-ils installés dans un canapé face à l'écran qu'Ahito s'endort. (Ahito ressemble beaucoup à son frère, il a juste les cheveux un peu plus fournis et – on ne sait pourquoi – des lunettes de ski perpétuellement relevées sur le front.) Thran l'a pourtant réveillé quelques minutes auparavant...

— Il s'endort à une vitesse, je m'y ferai jamais ! remarque D'jok.

— Ouais, renchérit Thran, je l'ai déjà vu pioncer à table, entre deux bouchées, la tête dans son assiette.

— Dommage, il va tout rater...

Micro-Ice désigne l'écran où s'inscrit le logo de la Technoïd, sur un fond de musique tonitruante.

— Alors là, tu vois, ça m'étonnerait, sourit Thran.

Les commentaires sur la maladie d'Ahito – on peut parler de maladie, vu le nombre d'heures impressionnant qu'il passe à dormir – s'interrompent, car le match commence.

Ça démarre très fort : Shadows et Lightnings sont à peu près de force égale, le Smog des premiers rivalise de puissance avec la Vague Ionique des seconds, chaque équipe a ses joueurs vedettes : Fulmugus aux dribbles magiques et Niilis la surdouée chez les Shadows, la belle Sarlight et surtout le grand Warren chez les Lightnings. Les actions sont hyper rapides, au point qu'on a du mal à suivre la balle qui traverse le terrain comme un obus, décolle dans les airs telle une fusée, rebondit contre les grilles magnétiques ceinturant le stade à la vitesse d'une boule de flipper, toujours suivie ou contrôlée par tel ou telle qui dribble, passe, tire, donne de la tête, arrête la balle en un salto ahurissant à dix mètres du sol, la relance en un retourné acrobatique, affronte son adversaire en un duel aérien époustouflant, dans un feu d'artifice d'émanations noires de Smog et de fulgurances bleuâtres de Vague Ionique.

« Bien sûr, c'est un match amical, vocifère le commentateur. Bien sûr, il n'y a pas d'enjeu. Bien sûr, personne n'a intérêt à se blesser ! N'empêche, chaque équipe a vraiment à cœur de prouver à l'autre qu'elle est déjà en pleine possession de ses moyens, à l'approche des phases qualificatives de la prochaine Galactik Football Cup ! »

— Hé, regardez ! C'est Warren qui a le ballon ! s'écrie Thran tout excité.

— Ouais, Warren ! Vas-y ! Fusille-les ! trépigne Micro-Ice.

Warren est bien entendu leur idole à tous. À côté de ses deux mètres tout en muscles, Aarch passerait presque pour un gringalet. Dans sa combinaison en dégradé de bleus, sa figure également bleue ceinte d'une barbe blanche, il en impose face au longiligne Fulmugus, tout de noir vêtu, sa longue chevelure brune volant autour de lui. Cependant tous deux rivalisent de virtuosité, Smog et Vague Ionique mêlés en fulgurances noires et bleu pâle. C'est rare que l'un parvienne à se démarquer de l'autre, et l'ensemble du match pivote autour du duel de ces deux titans du GF. Contrôle de la balle à la volée, tirs et contre-tirs, dribbles, tacles, passes et retours – tous deux se retrouvent immanquablement face à face. Mais la taille de Warren et ses longues foulées lui donnent un léger avantage, même si le Smog des Shadows permet de les « téléporter » quasi instantanément. Profitant d'une infime erreur de Fulmugus, Warren parvient à reprendre le ballon et fonce aussitôt vers les buts adverses, suivi par ses deux attaquants et collé par la défense shadow. Warren dribble les deux défenseurs, passe à Sarlight montée au créneau mais restée légèrement en retrait, ce qui désoriente les arrières shadows une fraction de seconde, suffisante pour que Sarlight repasse aussitôt à Warren qui *tire* – sans même viser, semble-t-il. Le ballon fuse au-dessus des têtes et s'enfonce en lucarne dans les filets, frôlant la barre supérieure – malgré sa détente fulgurante, le gardien shadow le manque d'un cheveu. 1-0 pour les Lightnings.

Tout le stade se lève d'un bloc en une formidable ovation. C'est le délire aussi dans la Cafétéria, où toute la clientèle soutient Warren et les Lightnings contre les ténébreux Shadows. Thran, D'jok et Micro-Ice hurlent et sautent sur le canapé, réveillant Ahito qui s'écrie aussi :

— Ouaiaiais ! Vas-y, Warren !

Sur quoi il referme les yeux et se remet à ronfler.

— Vous avez vu ce tir ? jubile D'jok. En plein dans la lucarne ! Il est vraiment trop fort !

— Ouais, opine Micro-Ice. Il n'est pas

humain, c'est tout. Personne ne lui arrive à la cheville. Personne !

— D'après mes calculs, le ballon a enfoncé le filet à près de 200 à l'heure, précise Thran, consultant un appareil de sa fabrication. Normal, c'est un As-1000, le top du top !

Sur ces entrefaites arrive Gaïl, la mère de Micro-Ice. Employée comme serveuse à la Cafétéria, elle est toute pimpante dans son uniforme orange et rouge, poussant un plateau antigrav chargé de boissons et de victuailles.

— Les SuperForms et les pizzas de ces messieurs sont avancés, dit-elle en posant le plateau sur la table.

— Waouh ! Super bien garnies ! Merci, m'dame ! se pourlèche Thran.

L'odeur alléchante a le don de réveiller Ahito, qui répète en écho :

— Merci, m'dame !

— Je n'y suis pour rien, remerciez plutôt le patron ! D'ailleurs je me demande pourquoi il vous a à la bonne comme ça…

— Notre charme, sans doute, suggère Micro-Ice avec un clin d'œil.

Ce qui fait rire tout le monde, car le patron-cuisinier de la Cafétéria est un Cyclope, aussi peu sensible au charme des Humains que ces derniers à celui d'un crapaud.

— En tout cas, reprend Gaïl, je compte sur vous pour ne pas faire de vagues. Ce boulot, c'est pas grand-chose mais j'y tiens !

— T'inquiète, maman, on va se tenir tranquilles, promet Micro-Ice à sa mère qui regagne le comptoir.

— Vous nous connaissez ! renchérit D'jok.

Elle se retourne, mi-figue mi-raisin.

— Eh bien oui, justement…

Tandis que les garçons mâchonnent leur pizza, les yeux rivés sur l'écran où le match a repris, à l'étage inférieur, près de la grande verrière derrière laquelle coule une cascade, Aarch et Clamp suivent également le match, mais d'un œil plus distrait. Clamp a donné rendez-vous à Aarch pour lui montrer un gadget de son invention. Il sort de sa poche une espèce de sphère aplatie en matériaux composites, munie d'un projecteur holographique à son sommet.

— C'est une machine qui permet d'étudier le jeu de tête. Regarde.

Il enclenche l'appareil. Une silhouette apparaît dans le minuscule champ holo, tapant de la tête sur une boule figurant un ballon. Normal au début, le mouvement devient vite saccadé, s'accélère jusqu'à devenir une brume floue de pixels. L'appareil siffle et dégage une odeur de circuits chauds. Clamp l'arrête quand il commence à fumer.

— Ouais, bon, d'accord… Il y a peut-être encore deux ou trois réglages à faire, mais globalement, ça marche !

Aarch ne prête pas vraiment attention à l'invention approximative de son ami. Les coudes sur les genoux, il se prend la tête dans les mains en soupirant.

— Et si je n'avais pas ma place ici, finalement ? marmonne-t-il, découragé. Ça fait tellement longtemps…

— Tu ne vas quand même pas tout abandonner à cause de ces grincheux ?

— Ah, je ne sais pas…, soupire de nouveau Aarch.

— Et mes machines, alors ? s'inquiète Clamp.

— Tu n'auras qu'à les revendre à la Technoïd.

— Ça, jamais ! Pendant toutes les années où j'ai travaillé pour eux, ils ne se sont jamais intéressés à mes inventions !

— Addim a raison, j'ai l'impression, poursuit Aarch. Le Souffle d'Akillian a entièrement disparu.

— À nous deux, on le fera revenir ! promet Clamp avec une expression gourmande.

Aarch se redresse, toise son ami.

— À nous deux, on ne peut rien du tout, Clamp. Il nous faut des joueurs, et ceux que j'ai vus n'étaient pas vraiment, comment dire…

Tandis qu'il cherche ses mots, l'ascenseur de la Cafétéria, situé non loin de leur table, s'ouvre sur le gros Bellow, ses deux gardes du corps et un troisième larron, un chauve mastoc et menaçant. Tous quatre se dirigent droit vers Aarch et Clamp.

— C'est vous, Aarch ? lance Bellow.

— Il paraît…

Le truand adresse un signe à ses gorilles, qui s'avancent sur Aarch et Clamp en brandissant des tasers, ces terribles matraques électriques dont chaque coup paralyse, voire peut tuer quelqu'un qui a le cœur fragile.

Du haut de la galerie-comptoir où il est allé chercher de nouveaux SuperForms, Micro-Ice les a vus et blêmit.

— Hé ! Mais qu'est-ce que… ? demande Clamp en se redressant.

Le chauve balance sa matraque, qui le frôle et brise son verre dans un éclair grésillant.

— Il y a sûrement moyen de discuter…, commence Aarch. (À son tour, il évite de justesse un autre coup de taser.) Bon, je suppose que ça veut dire non !

— Allez ! crie Bellow. Qu'on en finisse !

Aarch se lève d'un bond et bouscule le chauve balèze, mais l'un de ses acolytes lui assène une méchante décharge de taser dans les reins. Aarch se plie en deux, tétanisé par la souffrance.

— Aarch ! se précipite Clamp – qui reçoit un coup dans le ventre et s'effondre, renversant la table.

Les trois gorilles s'apprêtent à leur régler leur compte quand D'jok apparaît au pied de l'escalier, le ballon de Thran sous le bras.

— Excusez-moi, messieurs, s'il vous plaît ! les interpelle-t-il. Pourriez-vous vous battre en silence ? Ça serait gentil… Vous nous empêchez de suivre le match !

Pour toute réponse, Bellow s'empare de la matraque de l'un de ses hommes et tente d'en asséner un coup à D'jok, qui esquive aisément.

— Ça te va, gamin ? C'est assez silencieux ?

D'jok laisse tomber le ballon, le cale sous son pied. Micro-Ice, qui l'observe du haut de la galerie, devine à son corps tendu où il veut en venir.

— D'jok, non ! Fais pas ça !

Le pied de D'jok vole, le ballon fuse, percute le crâne du grand chauve qui s'écroule. Son rebond le ramène dans les jambes de D'jok, qui le cale de nouveau sous son pied.

— Te mêle pas de ça, petit, ça vaudra mieux pour toi ! menace Bellow, brandissant le taser.

Pour toute réponse, D'jok shoote de nouveau – le ballon s'enfonce dans le ventre du plus jeune des gorilles, qui lâche sa matraque et se plie en deux en grimaçant de douleur. Cette fois le ballon est intercepté par Thran, descendu prêter main-forte à son copain.

— Oups ! Désolé, je nettoyais mon ballon et le coup est parti tout seul, ironise D'jok.

— Hé, t'as vu, D'jok ? Ça marche ! 100 km/h, lit Thran dans le cadran intégré à la balle.

— Et encore, j'y suis allé mollo ! (Il lève la tête vers la galerie.) Micro-Ice, t'es de la partie ? Micro-Ice !

Celui-ci tente de se cacher derrière la rambarde, mais, malheureusement pour lui, celle-ci est en verre.

— Tiens tiens ! Micro-Ice ! ricane Bellow. Alors, t'as retrouvé mes tickets ?

— Euh, ben, j'les aurai demain, m'sieur, balbutie Micro-Ice.

— Te casse pas la tête à mentir, gamin, Sined me les a rendus. Il m'a aussi informé qu'on te trouverait ici... (Bellow fait de nouveau signe à ses hommes, qui se sont relevés.) Allez ! Débarrassez-moi de ces avortons ! Qu'on en finisse avec l'autre là-bas !

Les patibulaires allument de nouveau leurs tasers, s'avancent vers D'jok et Thran.

— Prêt ? lance D'jok.

— Prêt ! répond Thran.

— Prêt ! répète Micro-Ice, qui descend l'escalier en courant.

Thran donne le coup d'envoi, passe à D'jok qui tire, atteint de nouveau le grand chauve à la tempe. Le ballon rebondit contre la verrière, revient dans les pieds de Micro-Ice qui shoote à son tour, rate le jeune d'un cheveu. La balle est interceptée de la main par Aarch en train de récupérer sur le canapé, qui la relance et atteint Bellow. Elle rebondit contre un mur, est réceptionnée par Thran qui tire en un splendide retourné – malheureusement dans la mauvaise direction. Le ballon vole sur la galerie, droit vers le comptoir et les étagères de verres et bouteilles rangées derrière – cris d'effroi de l'assistance –, est arrêté *in extremis* par Ahito, qui a surgi du canapé où il dormait la seconde précédente. Ahito repasse à D'jok qui effectue à son tour un puissant tir retourné. La balle frise les têtes de Bellow et de ses sbires, rebondit de nouveau contre la verrière et les assomme tous quatre en enfilade, les balaye comme des quilles. Le ballon termine sagement sa course sous le pied de D'jok.

Bellow se redresse le premier. Ses trois hommes de main se frottent le crâne en grimaçant. Ils peinent à tenir debout.

— On se retrouvera ! grince Bellow en passant devant D'jok.

— Avec plaisir.

Les quatre malfrats s'engouffrent dans l'ascenseur, sous les vivats de la clientèle, qui applaudit cette belle bataille footballistique et son heureuse issue.

Micro-Ice vient tendre la main à Aarch, l'aide à se lever.

— Chacun son tour…

— Je vous dois une fière chandelle, les enfants ! sourit Aarch encore sous le choc, autant de cet exploit sportif que du coup de taser.

— Pas de quoi, m'sieur, rétorque D'jok. C'est juste qu'on n'aime pas être dérangés pendant un match.

— Vous êtes doués… Ça ne vous dirait pas de faire partie d'un club ?

— Z'êtes drôle, vous ! répond Micro-Ice. Le foot sur Akillian, c'est mort. Sans le Souffle, on fait pas le poids face aux grosses pointures.

Coup de pouce vers l'écran où Warren et Fulmugus sont toujours aux prises, dans une débauche de Smog et de Vague Ionique.

— Bon, c'est pas tout ça, reprend D'jok, mais nous on a un match à finir de regarder.

— Oui, oui, bien sûr… je comprends. Allez-y. Et que les meilleurs gagnent !

— Ce s'ra Warren, m'sieur ! affirme Thran.

Tous remontent à l'étage pour se recoller devant l'écran et leurs pizzas froides. Restés seuls, Aarch et Clamp échangent un regard de connivence… Peut-être bien que, Souffle ou pas Souffle, il n'y a pas que des nuls sur Akillian.

***

C'est justement la mi-temps, Gaïl en profite pour se planter devant l'écran et apostropher les quatre garçons :

— Heureusement que je vous avais dit de ne pas faire de vagues !

— C'est pas notre faute, m'dame, se justifie D'jok. Vous avez bien vu !

— Ce n'est *jamais* votre faute ! Déjà, la dernière fois...

— Gaïl, on a soif ! l'appelle-t-on depuis le bar.

Elle soupire et regagne son comptoir. L'engueulade est remise à plus tard...

Thran pose un regard fier sur Ahito, qui pour une fois a les yeux ouverts et rêveurs devant l'écran où défilent des pubs.

— Dis, frangin, c'est vraiment un bel arrêt que t'as fait tout à l'heure. Tu vois, quand tu veux !

— Tu crois qu'Aarch l'a remarqué ? Ça fait bizarre de le voir en vrai, non ?

— *Aarch ??* s'écrient ses potes à l'unisson.

— Ben oui, quoi ? sourit Ahito. Le type super balèze, c'était Aarch, les mecs. Me dites pas que vous l'avez pas reconnu ?

Aussitôt, D'jok, Thran et Micro-Ice se précipitent à la poursuite d'Aarch, qui a quitté la Cafétéria. Récupérant le canapé pour lui tout seul, Ahito s'y allonge, histoire de piquer un petit roupillon pendant les pubs. L'action, ça fatigue…

Dans la nuit bleue d'Akillian, Aarch et Clamp descendent d'un pas tranquille l'escalier qui mène vers le centre-ville et leur hôtel.

— Tu vois, Clamp, je sens qu'avec tes machines et mes idées, on va faire un boulot du tonnerre.

— Depuis le temps que j'te le dis, Aarch !

4. AARCH A DISPARU

Dans l'écran, le type aux lunettes violettes n'a pas l'air content :

— Non mais c'est trop facile, vous comprenez... Nous, on est restés après la grande Catastrophe, on a aidé à reconstruire Akillian pendant que *môssieur* était parti se remplir les poches aux quatre coins de l'Univers !

Quant à la femme à la grande bouche et aux cheveux rouges, elle paraît plutôt rêveuse :

— Je l'ai vu jouer quand j'étais petite... C'était le meilleur, tout simplement. Contente qu'il soit de retour. On dit qu'il veut monter une équipe, c'est vrai ?

Le gamin à la dent manquante, lui, n'a aucune opinion :

— Moi je m'en fiche, de toute façon, les meilleurs ce sont les Lightnings et les Shadows. L'équipe d'Akillian tiendra jamais la route, avec ou sans Aarch !

Dans les studios locaux de la TTV, à Arcadia-Nuovo, la célèbre Callie Mystie, la journaliste qui est toujours là où on ne l'attend pas, interviewe le non moins célèbre Artegor Nexus, ex-star d'Akillian, ex-défenseur shadow, désormais entraîneur des Tigres Rouges :

— Quel effet cela vous fait-il de savoir votre meilleur ami de retour sur Akillian ?

— Aarch n'est *pas* mon meilleur ami, répond Artegor d'un ton pincé.

— Il l'a pourtant été, à une certaine époque…

L'entraîneur se lève, ulcéré.

— Écoutez, mademoiselle, j'ai bien autre chose à faire que de parler d'un fantôme. J'ai un *véritable* club à entraîner, moi ! Je vous signale que la Galactik Football Cup approche à grands pas et que chaque jour compte. Alors, intéressez-vous plutôt à ce qui en vaut vraiment la peine : à *mon* équipe, celle des Tigres Rouges !

Gros plan sur Artegor Nexus, sa chevelure agressive, sa moue dédaigneuse, ses lunettes anti-UV impénétrables. Puis Callie réapparaît en direct dans les rues d'Arcadia-Nuovo. Par contraste, son frais minois au nez mutin, ses petits yeux malicieux et son épaisse tignasse rousse la font paraître presque innocente… Or chacun sait qu'elle est une enquêtrice redoutable, que rien ni personne n'arrête et qui n'a pas sa langue dans sa poche.

— Comme vous avez pu le constater, chers holospectateurs, personne sur Akillian ne sait réellement où se cache Aarch. Est-il toujours là ? Est-il déjà reparti ? Nous n'en savons rien ! Peut-être prépare-t-il en secret son recrutement ? Dans tous les cas, comptez sur moi pour vous tenir informés. C'était Callie Mystie, en direct d'Akillian, pour Arcadia News.

— Merci Callie, reprend le présentateur Nork Ag'net de sa voix onctueuse, sur le plateau de l'holojournal. C'est toujours un plaisir de vous entendre ! Pour une fois qu'il se passe quelque chose d'intéressant sur Akillian… Tout de suite, un message de notre sponsor.

« Arcadia News vous est offert par la Technoïd. »

S'ensuit une pub destinée aux Technodroïdes – la force de frappe de la Technoïd – mais également aux Humains qui les emploient à diverses tâches subalternes. On y voit un de ces fameux robots filiformes, à la tête cylindrique nantie d'un œil unique sur laquelle sont fixés deux bras multifonctions, en train de se frictionner dans une unité de lavage aquaionique à haute pression. Il brandit un flacon coloré en déclarant de sa voix hachée, métallique :

— Moi-quand-je-cap-ture-des-Pi-rates, j'aime-bien-être-im-pec-cable. C'est-pour-quoi-j'uti-lise-Nickel-Chrome !

— Oh mais ça brille ! On se voit dedans ! s'extasie une jeune femme, la propriétaire du robot sans doute. Merci, Nickel Chrome !

— Atten-tion, ne-con-vient-pas-aux-orga-nis-mes-bio-lo-giques, avertit le Technodroïde.

Après quoi apparaît le sempiternel message qui est toujours diffusé entre deux programmes sur les multiples chaînes de la TTV : un homme au visage massif mais marqué – menton viril barré de trois traits de barbe, nez aquilin, yeux bruns scrutateurs sous d'épais sourcils blonds, courte chevelure blonde en bataille –, de face et de profil. Derrière lui défile en plusieurs langues le mot *wanted*. Une voix féminine, accorte mais sérieuse, annonce :

« Nous rappelons que la tête de Sonny Blackbones, le chef des Pirates, est toujours mise à prix deux millions de crédits standards. Pour une Galaxie plus belle, aidez la Technoïd ! »

***

D'jok, Thran et Ahito sont assis dans la grotte de Maïa, face à la voyante qui s'efforce de faire léviter sa boule de cristal. Si Ahito somnole comme à son habitude, D'jok et Thran, eux, ne tiennent pas en place.

— Alors, m'man, tu vois quelque chose ? s'impatiente D'jok.

Pourtant ce n'est pas son avenir (« sa grandiose destinée », comme il se plaît souvent à répéter) qu'il cherche à deviner cette fois...

— Je vois surtout trois garçons qui gesticulent et qui m'empêchent de me concentrer, réplique Maïa.

— Deux, m'dame, précise Thran. Ahito roupille…

Ahito ouvre soudain les yeux sur une silhouette brusquement apparue à la fenêtre de la grotte. Thran sursaute également – D'jok soupire : qui peut passer ainsi par la fenêtre, sinon Micro-Ice ?

— Qu'est-ce que vous cherchez ? demande celui-ci sur un ton ironique. Une jolie fille ? Un trésor ? Une jolie fille avec un trésor ?

— On cherche Aarch, répond Thran.

Micro-Ice saute dans la pièce, se plante bras croisés devant le trio. Totalement déconcentrée cette fois, Maïa laisse retomber la boule sur son socle.

— Vous perdez votre temps, les gars. Aarch est loin d'être cinglé, il est sûrement retourné d'où il venait.

— Mais… il a dit qu'il allait fonder une équipe…, intervient Ahito.

— Et vous croyez sérieusement qu'il va engager des amateurs comme vous ?

— Pourquoi pas ? lance D'jok en se levant. On est bons, non ?

— Bons pour l'asile, ouais ! Et puis Aarch, il a Bellow aux fesses ! Je suis bien placé pour savoir que, quand ça vous arrive, on n'a pas envie de s'éterniser…

— Bellow en a toujours après toi ? Sined lui a rendu les tickets, qu'il a dit !

— Ouais, enfin, entre nous deux c'est pas le grand amour… Bref, ça vous dirait pas d'aller faire du Magnet-Board ? Il fait beau dehors ! Du moins, il neige pas…

— Micro-Ice a raison, opine Maïa. J'ai des clients qui vont bientôt arriver.

— Oh non, m'man ! supplie D'jok. Aarch est un… un signe du destin ! Il est venu pour nous, j'en suis sûr. Il faut le retrouver !

— O.K., fait Micro-Ice. Je vous laisse à vos délires et je vais m'éclater dans la poudreuse, moi ! Salut la compagnie !

Sur ces mots, il s'éclipse à nouveau par la fenêtre.

— À propos de Magnet-Board, lance D'jok à Thran, on lui a rendu le sien, à l'autre tache ?

— Eh bien, Ahito devait le faire… Tu l'as fait, Ahito ?

— Hein ? bâille Ahito.

— Le Magnet-Board de Sined, répète D'jok en réfrénant son agacement. Tu lui as rendu ?

— Euh… J'étais parti pour, mais j'ai eu un

p’tit coup de fatigue et… j’crois bien que j’ai zappé, avoue Ahito contrit.

— Dites, les enfants, intervient Maïa, ce ne serait pas trop vous demander d’aller faire vos petites manigances dehors ? Je vous ai dit que j’attendais des clients !

— Ouais, bon, de toute façon, faut qu’on y aille, grogne D’jok.

— Qu’on aille où ? demande Ahito.

— Rendre son Board à Sined, gros malin !

***

Dans la cour du chalet, Rocket aide son père à charger des bacs de fleurs (richement colorées grâce au procédé exclusif mis au point par Norata) sur le glisseur pick-up servant aux livraisons importantes. Les bacs sont lourds et Rocket grommelle :

— Mais qu’est-ce qu’ils peuvent bien faire de toutes ces fleurs ? Ils les mangent, c’est pas possible !

— Peu importe. Je m’en fiche, du moment qu’ils payent. Surtout, ne leur fais pas crédit, d’accord ? On ne peut pas se le permettre.

— Papa ! soupire Rocket en levant les yeux au ciel. Tu me l’as déjà répété au moins une centaine de fois ! En revanche, tu m'as toujours pas dit si tu penses qu'il est parti ou pas...

Norata pivote vers son fils sur sa jambe valide, sourcils froncés.

— De qui tu parles ?

— Papa !...

Rocket sait bien que son père n'ignore pas de qui il parle. Depuis la visite inopinée de son oncle, la semaine dernière, il a tenté maintes fois d'orienter la conversation sur lui, d'amener Norata à répondre à ses questions. En vain : blessé dans son corps et dans son âme, le frère d'Aarch évite de répondre. Et si Rocket insiste, il l'envoie carrément paître, ou plutôt livrer ses satanées fleurs aux quatre coins de Nuovo, voire dans des villages à perpète.

— Repartir, c'est ce qu'il a de mieux à faire, grogne Norata.

Rocket le rejoint devant la caisse thermostatique qui a servi à transporter les bacs de fleurs depuis la serre.

— Mais enfin !... Non vraiment, je te comprends pas : pourquoi tu en veux encore à ton frère, après toutes ces années ?

— Je lui en veux justement *à cause* de toutes ces années ! grince Norata en serrant les poings.

On n'a pas de famille, on n'est que nous deux, et il m'oublie ! Pendant *quinze ans* !

— Mais tout le monde a droit à une seconde chance, non ?

— Et moi, alors ? Tu crois que j'y ai eu droit, hein ? Depuis la Catastrophe, il ne se passe pas un jour sans que je souffre de mon handicap ! Aarch a encore ses deux jambes, lui… (Norata referme violemment le couvercle de la caisse.) Eh bien, qu'il s'en serve pour aller au diable !

***

Chez Thran et Ahito – un joli chalet de style néo-asiatique, au toit en pointes et recourbé dans les angles, aux larges baies vitrées, muni d'une galerie à colonnades, dont toutes les pièces sont modulables grâce à des panneaux coulissants opalins –, une mauvaise surprise attend le trio : impossible de mettre la main sur le Magnet-Board. Ils ont beau chercher partout, dans les chambres des garçons, dans les dépendances, sous la galerie et même sous les combles – il reste introuvable.

— Mais enfin, s'écrie D'jok exaspéré, cet

engin n'est tout de même pas parti tout seul rejoindre son proprio !

— C'est un modèle sophistiqué, dit Thran, avec moteurs auxiliaires à air pulsé et inverseur de gravité... mais j'ai pas repéré dessus de radiocommande ni de système d'autoguidage. Il y avait juste un radar anti-chocs.

— T'es sûr que tu l'as pas emmené chez Sined sans t'en apercevoir, pendant que tu dormais ?

— Quand je dors, je bouge pas en général, réplique Ahito, qui louche avec tentation sur le canapé-futon du salon.

Le père de Thran et d'Ahito – un petit homme tout ridé, chaussé de lunettes, au sourire perpétuel sous sa fine moustache – sort de sa chambre en traînant les pieds, les cheveux en bataille, dissimulant un bâillement derrière sa main.

— Eh bien, les garçons ? C'est quoi tout ce raffut ?

— On cherche un Magnet-Board, explique Thran.

— Un quoi ?

— Tu sais, une planche pour glisser sur la neige... On l'a apportée il y a quelques jours...

— … et on doit la rendre à son proprio, achève Ahito.

— Je vois. Eh bien, son propriétaire est venu la reprendre.

— Quoi ? s'écrie D'jok. Sined est venu chez vous ?

— Euh oui, c'est peut-être bien ce nom-là qu'il m'a donné. Un jeune homme brun, bien habillé, pas comme certains que je connais… (Coup d'œil lourd de sous-entendus sur l'accoutrement plutôt négligé de ses deux fils.) Il est venu avec trois de ses amis réclamer sa planche que, paraît-il, vous lui auriez prise contre son gré…

Le père de Thran et d'Ahito essaye d'avoir l'air sévère, sans succès. D'jok se croit néanmoins obligé de préciser :

— C'était un échange, ou plutôt un gage, en attendant qu'il nous rende ce qu'il nous devait.

— Il m'a dit aussi que Thran était d'accord pour lui prêter son ballon, ajoute le père.

— Pas du tout ! blêmit Thran. Tu lui as donné ?

— Eh bien, oui… Je croyais que c'était convenu entre vous…

— Malheur ! (Thran s'empoigne les cheveux.) Mon ballon à capteur d'impact ! À compteur de vitesse ! Des semaines de boulot de foutues !

— Comment ça, foutues ? s'offusque D'jok. On va choper Sined et le récupérer, c'est pas compliqué !

— À nous deux, contre toute sa bande ? (Il fait un geste désabusé en direction d'Ahito endormi sur le canapé.) Laisse tomber, D'jok, ça vaut pas le coup qu'on se fasse massacrer. De toute façon, tu m'as dit qu'il était trop lourd : Sined n'a qu'à se péter les chevilles avec ! Et puis j'ai déjà commencé à bosser sur un nouveau modèle – si papa veut bien m'acheter un autre ballon…

Son père se retourne sur le seuil de la chambre, dont il s'apprêtait à faire coulisser le panneau pour aller finir sa sieste.

— Encore ?! Pas question, fils. Tu consommes trop de ballons.

— Papa ! C'est important ! C'est notre avenir qui est en jeu ! Pas vrai, D'jok ?

— Euh…

— Mais oui ! Aarch va nous recruter pour son équipe et, pour s'entraîner, il faut un ballon !

— Ah ouais, bien sûr…

— En ce cas… (Le père de Thran se gratte

la tête.) Bon, j'en parlerai à ta mère quand elle reviendra des courses.

Thran lève son poing serré en signe de victoire et glisse à l'oreille de D'jok :

— Ça veut dire oui !

***

Depuis le bâtiment le plus haut de l'ancienne Arcadia, Micro-Ice dévale tout schuss une coulée de glace sur son Magnet-Board. Sa planche n'est pas aussi sophistiquée que celle de Sined (elle ne possède pas de moteurs d'appoint ni de radar anti-chocs), mais les sustentateurs antigrav lui évitent tout de même de tomber dans les vertigineux précipices de la cité en ruine. Poussant des gloussements d'excitation, il fonce sur les glaciers, slalome entre les pans de murs, se sert d'un toit pentu comme tremplin pour effectuer un saut périlleux, glisse à toute allure sur les passerelles et les escaliers lissés par la glace. À un moment, aveuglé par le reflet du soleil sur une verrière givrée, il loupe un virage et s'enfonce dans un cul-de-sac aux murailles sculptées de stalactites.

Grognant de désappointement – il va devoir se taper la remontée à pied –, Micro-Ice prend son Magnet-Board sous le bras, quand son attention est attirée par des bruits incongrus dans le grand silence blanc de la ville morte. Ils proviennent d'une espèce de caverne aux parois de béton qui bée au fond de l'impasse. Ancien hangar, ou entrepôt... Ou peut-être une entrée de service du vieil Arena Stadium, désormais enfoui sous une épaisse croûte de neige et de glace ? En tout cas, ces bruits n'ont rien de naturel : ce sont des coups de marteau, des cliquetis métalliques, des crépitements électriques. Intrigué, Micro-Ice s'approche de l'entrée béante, du fond de laquelle émane une lueur tout aussi artificielle.

À pas prudents, il pénètre au sein de ruines givrées aux dimensions impressionnantes. D'après ce qu'il peut deviner des formes enchâssées dans leur gangue de neige, il s'agit bien en effet de l'Arena Stadium... Les stalactites et coulées de glace lui confèrent l'allure étrange d'une cathédrale fantôme qui aurait été bousculée par un séisme.

Les bruits et la lumière proviennent d'un grand trou dans le sol de béton craquelé, où pendouillent des câbles givrés. Micro-Ice se penche avec précaution au-dessus du gouffre…

— C'est quoi ce délire ? murmure-t-il, estomaqué.

Loin en dessous – probablement au niveau du terrain lui-même –, un grand espace a été dégagé, au milieu duquel trône un énorme cube blanc. Un autre cube plus petit gît à quelques mètres. Posés dessus, de puissants photophores éclairent toute la scène. Tout autour, des quantités de caisses, tubes, boîtes, matériel empilé. Sur des tables scintillent des tactiles et des écrans holos de consoles. Un type est accroupi devant le grand cube, apparemment en train de souder quelque chose. Debout derrière lui, un autre homme l'observe – Micro-Ice reconnaît aussitôt sa silhouette massive, ses hauts-de-chausses, son long manteau gris : c'est bien Aarch…

— Alors ? Quel est le problème ? demande celui-ci à Clamp.

Agenouillé devant un panneau ouvert sur les entrailles électroniques du grand cube blanc, Clamp, muni de lunettes à microlentilles de visée infrarouge, est en train d'opérer une soudure délicate parmi des circuits complexes.

— Trois fois rien, répond-il. Juste ce convertisseur... Sa fréquence d'échantillonnage est trop élevée.

Clamp repose son laser de soudure, soulève ses lunettes, se dirige vers l'une des consoles.

— Encore deux ou trois trucs à régler, et cet engin fonctionnera à merveille !

— Reste maintenant à prévenir tout le monde, réfléchit Aarch à voix haute en frottant sa barbiche. Avec cette bande de crapules aux trousses, ça ne va pas être de la tarte. Je ne peux quand même pas me planter au milieu d'une place et haranguer la foule !

Clamp ne l'écoute pas, concentré sur sa console dont l'écran tactile affiche des signes cabalistiques, des colonnes de chiffres, des contrôles sibyllins, des diagrammes incompréhensibles. Après avoir effectué divers réglages, il touche une zone qui clignote en blanc.

— Là, ça devrait marcher...

Il n'obtient pas l'effet escompté.

La console se met à gargouiller, le cube blanc se nimbe d'éclairs crachotants. Poussant un juron, Clamp éteint tout avec précipitation.

Fasciné par ce spectacle, Micro-Ice s'est un peu trop penché… Il glisse sur le béton gelé, tombe dans le trou la tête la première ! Par chance, ses jambes s'emmêlent dans les câbles qui pendent, lesquels se tendent… et l'arrêtent à quelques centimètres du sol. Second coup de chance, car Aarch, surpris par cette intrusion soudaine, s'est précipité un poil trop tard pour le recevoir… Il sourit de voir ce gamin pendu par les pieds tel un jambon.

— Décidément, c'est une manie chez toi de tomber du ciel, mon garçon !

Micro-Ice se dégage des câbles en se tortillant, atterrit sur les fesses.

— J'suis aussi super doué pour passer par les fenêtres… Mais, si vous permettez, je vais prendre une sortie normale cette fois, O.K. ? (Il se remet debout.) J'voudrais surtout pas déranger, hein… C'est pas mon style de me mêler de c'qui me regarde pas !

Il commence à s'éloigner, mais Aarch le rappelle :

— Attends, petit ! Tu pourrais peut-être me rendre un service...

***

D'jok, Thran et Ahito se sont rabattus sur la Cafétéria, où ils font le point sur la situation. En vérité, D'jok boude, Ahito entame une petite sieste et Thran s'efforce de consoler son pote :

— Allez, tire pas cette tronche... Ta mère peut quand même pas tout savoir !

— Je peux pas croire qu'Aarch soit parti, soliloque D'jok, tout à son idée fixe. On avait enfin une chance de réaliser quelque chose dans nos vies... Quelque chose de grand !

— Ouais, peut-être... En tout cas, c'est pas demain la veille qu'on fera carrière chez ces snobinards de Tigres Rouges !

Gaïl arrive avec un plateau chargé de milk-shakes et d'une assiette de churros, le goûter idéal selon Thran.

— Dites, les enfants, Micro-Ice n'est pas avec vous ? (Elle pose le festin sur la table, éteint le plateau antigrav, qui se réduit à une simple coupelle dans sa main.) Vous voyez de qui je veux parler ? Un garçon de votre âge, petit, rusé, nerveux, qui a toujours réponse à tout... Il paraît même que c'est un de vos amis. Ce que je m'explique toujours pas !

— C'est moi que vous cherchez ? demande Micro-Ice, surgissant derrière sa mère. Parce que moi, quand on me cherche, on me trouve ! C'est pas comme Aarch… Encore que… moi je l'ai trouvé. Alors que je le cherchais même pas !

— *Quoi ?!* sursaute D'jok. Tu sais où il est ? Il est toujours sur Akillian, alors ?

— Ouais, mec. Même qu'il va faire passer des tests ! Bon, j'ai une de ces soifs, moi… Oh, des churros ! (Il pioche dans l'assiette.) J'peux en avoir aussi, m'man ? Et un SuperForm ?

Tout en dévorant les beignets qu'il fait descendre à coups de SuperForm, Micro-Ice explique aux autres ce qu'Aarch attend de lui : propager la rumeur auprès de tout ce qu'Akillian compte comme fans de Galactik Football – ayant tout de même quelques notions pratiques – qu'ils sont attendus dans l'ancien Arena Stadium pour passer des tests en vue de constituer une nouvelle équipe.

Grâce aux quatre compères (même Ahito s'y met), la rumeur se propage très vite et soulève bien plus d'intérêt que ce qu'ils croyaient. Le nom d'Aarch y est pour quelque chose, surtout chez les plus jeunes, qui, à l'instar de Rocket, n'éprouvent pas ce sentiment de trahison que ruminent leurs parents. Pour eux, Aarch n'est pas celui qui a lâchement abandonné Akillian à son triste sort après la Catastrophe, mais ce grand joueur entré dans la légende de la Galactik Football Cup, qui a presque mené Akillian à la victoire finale.

Malheureusement, une fois lâchée, une rumeur est impossible à contrôler : elle tombe fatalement dans des oreilles indiscrètes... comme celles de l'un des sbires de Bellow, qui s'empresse de rapporter la nouvelle à son patron. Les petits yeux porcins du bookmaker s'allument, un mauvais rictus tord ses bajoues : il tient sa revanche, et va pouvoir honorer son contrat par-dessus le marché.

5. L'HOLO-TRAINER

Après avoir effectué d'ultimes réglages, Clamp touche – non sans une pointe d'appréhension – le fameux bouton blanc de lancement sur le tactile de sa console. Pas d'éclairs ni de crachotements cette fois : les contrôles se mettent au vert, des données s'affichent indiquant que le système est chargé à sa puissance nominale et prêt à fonctionner. Clamp se renverse sur sa chaise avec un sourire de satisfaction, se croise les mains derrière la nuque.

— Voilà ! Ça devrait marcher à la perfection, maintenant.

— « Perfection », souligne Aarch. C'est exactement le mot que je cherchais pour caractériser tes machines… quand elles fonctionnent !

Nettement plus détendu, Clamp opère encore quelques ajustements, ce qui ne provoque aucune réaction catastrophique de ses appareils : au contraire, ceux-ci bipent, gazouillent et cliquettent avec entrain.

— Tu crois qu'il va y avoir du monde ? Si ça se trouve, le foot n'intéresse plus personne sur cette planète…

Comme en réponse, les portes de l'ascenseur situé au fond de la salle – la première chose que Clamp a réparée, nécessaire pour y descendre toutes ses caisses de matériel – coulissent en grinçant et déversent une douzaine de jeunes menés fièrement par Micro-Ice.

— Voilà, c'est ici ! déclare-t-il à ses copains ébaubis par l'immensité de l'endroit et les machines bourdonnantes. Y en a encore plein d'autres qui arrivent, annonce-t-il à Aarch et à Clamp.

L'entraîneur se penche sur le savant avec un sourire moqueur :

— Ça te va comme ça ?

Les yeux écarquillés, D'jok considère l'énorme cube blanc qui lui fait face et évoque une cabine d'ascenseur pour géants. De sa porte ouverte jaillit une lumière éblouissante.

— C'est quoi ce truc ?

— Eh bien, c'est... (Clamp s'éclaircit la gorge : il n'a pas encore songé à donner un nom à son appareil.) Euh... C'est un holo-trainer, improvise-t-il. Une machine d'entraînement virtuel, en quelque sorte.

— Bon, ben j'vous laisse... J'ai plus rien à faire ici, dit Micro-Ice, qui retourne vers l'ascenseur.

— Tu ne veux pas participer aux tests ? s'étonne Aarch.

— Non merci, sans façon ! Les tests, c'est pas mon truc. Rien que d'entendre le mot, ça me donne l'impression d'être à l'école !

— En tout cas, merci pour tout, petit... On peut vraiment dire que tu es *tombé à pic* !

Micro-Ice sourit à cette plaisanterie qu'il est le seul à comprendre et se plante devant l'ascenseur, ignorant le regard désappointé que lui lance D'jok. Au moment où il lève le doigt pour appuyer sur le bouton d'appel, les portes s'ouvrent de nouveau en grinçant…

Sur une créature de rêve.

Fin visage ovale porté par un cou gracile, nez délicat, lèvres ourlées, immenses cheveux bruns relevés en une épaisse queue-de-cheval, un corps parfait dans un costume de princesse… et d'immenses yeux bleus qui se posent sur un Micro-Ice ébahi. Sa blague émise dans la grotte de Maïa, sur la jolie fille et le trésor, lui revient à l'esprit… S'il n'a pas trouvé le trésor, en tout cas la jolie fille est ici !

La supernana s'écarte de Micro-Ice et entre dans la salle, en compagnie d'une dizaine de nouveaux candidats. Une femme la suit, nettement plus âgée, vêtue elle aussi avec élégance d'un manteau au col en fourrure de garo : sa mère sans doute, car elle parle avec véhémence à la jeune fille visiblement agacée :

— Tu m'écoutes, Meï ? Tu dois leur montrer que tu es la meilleure ! Tu as compris ? La *meilleure* !

— Arrête un peu, maman !

« Waouh, même sa voix est géniale », se dit Micro-Ice qui contemple sa démarche gracieuse d'un air rêveur. Le coup de foudre ? Il ignore ce que c'est, ce qui est sûr en tout cas, c'est que son cœur tape fort et que ça lui fait tout chaud à l'intérieur...

— Qu'est-ce qu'il y a, Micro-Naze ? T'as l'air encore plus niais que d'habitude !

Sined ! Dans le genre douche froide, il n'y a pas pire. Micro-Ice redescend brutalement sur terre, mais son naturel railleur reprend vite le dessus :

— Qu'est-ce que tu fais là ? C'est au foot qu'on est venu s'entraîner. Pas à ton jeu de cartes à la noix !

— Justement, des guignols comme toi et tes potes n'ont rien à foutre ici ! persifle Sined. Place aux vrais joueurs !

— Parce que tu crois être un vrai joueur, Sined ? intervient D'jok.

— C'est peut-être mon ballon qui lui fait enfler les chevilles, raille Thran.

— Vivement que les tests commencent, j'ai hâte de vous humilier tous ! Aucun d'entre vous ne m'arrive à la cheville. Vous allez prendre une de ces raclées !

Écartant Micro-Ice et ses copains, Sined rejoint la troupe massée devant l'holo-trainer d'un pas déjà victorieux.

— C'est ce qu'on va voir, bouffon ! le défie Micro-Ice.

— Ah, parce que tu restes, finalement ? remarque Ahito.

— Par le plus grand des hasards, ça serait pas à cause de cette fille, là-bas ? ironise D'jok, désignant du menton Meï qui trépigne du pied, toujours harcelée par sa mère.

— C'est en attaque que tu dois te positionner, lui explique celle-ci. Les plus grandes vedettes de football sont des attaquants !

— Je t'en *prie*, maman !

— Une fille ? Quelle fille ? rougit Micro-Ice en lui tournant ostensiblement le dos.

Ses amis éclatent de rire, ce qui le fait rougir de plus belle.

— Bon, on va pouvoir commencer, décide Aarch. À mon avis, on n'aura pas plus de candidats…

— Détrompe-toi, Aarch, rétorque Clamp. Regarde, l'ascenseur amène encore du monde !

En effet, les portes coulissent de nouveau dans un horrible grincement de métal rouillé. Mais ce ne sont pas d'autres candidats qui en sortent cette fois…

C'est Bellow et ses trois gorilles.

— Salut, tout le monde ! Alors comme ça, on a décidé de s'amuser sans nous ?

Aarch et Clamp échangent un regard d'appréhension : cette expérience qui s'annonçait si prometteuse va-t-elle déjà s'arrêter ?

— Toujours aussi doué pour casser l'ambiance, celui-là ! murmure Micro-Ice, qui se fait tout petit au milieu de la foule.

— Vous en faites pas, les gars, il va pas rester bien longtemps, promet Thran, l'air mystérieux.

— Bon, les mioches, fichez-moi le camp, et plus vite que ça ! lance Bellow à la cantonade. C'est pas après vous qu'on en a…

Sur ces mots, il s'avance l'air mauvais vers Aarch, suivi de ses hommes de main qui ont de nouveau dégainé leurs tasers.

Soudain une lumière vive tombe en tourbillonnant du trou dans le plafond, accompagnée du sifflement caractéristique des turbopropulseurs. Dans la lumière se déroule une corde le long de laquelle glisse prestement Callie Mystie, la journaliste vedette d'Arcadia News, filmée par sa fidèle holocam volante. Elle saute à terre avec souplesse et commence aussitôt son speech :

— Qu'est-ce que je vous disais, chers holospectateurs ? Avec Callie Mystie, rien ne reste secret très longtemps !

Clin d'œil et pouce levé en direction de Thran qui lui retourne son geste, à la stupéfaction de ses copains.

— C'est toi qui l'as appelée ? s'ébahit D'jok.

— Eh bien, répond Thran avec un petit sourire en coin, je me suis dit que puisqu'on savait où était Aarch, ça valait le coup de prévenir Arcadia News…

Callie se dirige vers ce dernier d'un pas assuré, lui colle son micro sous le nez.

— Aarch, on peut dire que vous êtes dur à trouver. Mais il en faut bien plus pour tromper la curiosité de Callie Mystie !

— Alors qu'est-ce qu'on fait, patron ? demande le grand chauve balèze à Bellow.

— Arrrgh ! Ben on massacre tout le monde en direct, ça nous fera de la pub ! C'est assez stupide pour toi ou tu veux que j'en rajoute ? (Il bouscule ses hommes et regagne l'ascenseur d'un pas rageur.) Allez, venez, on se tire de là !

— Bien ! reprend Callie. Aarch, si vous expliquiez un peu à nos chers holospectateurs ce qu'est cette machine et ce que vous attendez de tous ces jeunes ?

***

À bord de son jet-snow, Rocket fonce vers les Plateaux Venteux, où il peut se taper de vraies pointes de vitesse sur cette plaine plate et vide, lézardée de failles qui ajoutent un peu de piment au plaisir de la glisse. Le compteur atteint déjà 150 km/h, mais il peut sans problème monter jusqu'à 200. Au-delà, ça devient risqué d'un point de vue adhérence et stabilité : il est à la merci de la moindre bosse ou ornière… Mais où est le frisson, s'il n'y a pas de danger ?

Soudain un son bizarre s'ajoute au feulement régulier de son turbo : une espèce de rugissement assorti de crachotements… Il vérifie ses contrôles – ce serait malvenu qu'il tombe en panne si loin d'Arcadia – mais tout est normal : ça ne vient pas de sa machine…

Ça vient du ciel.

Un engin volant le dépasse dans un bruit de tonnerre, à une altitude dangereusement basse. Rocket ralentit pour mieux le détailler : c'est une navette de type Red-Bee, couramment utilisée par les habitants des lunes Obia et Tanaga pour descendre sur Akillian. Celle-ci semble en difficulté : une fumée de mauvais augure s'échappe de son réacteur, dont le rugissement est entrecoupé d'à-coups et de ratés. La navette disparaît en oscillant derrière une éminence – l'instant d'après résonne un sourd grondement et s'élève un grand panache de neige fondue.

La navette s'est crashée !

Rocket remet la gomme et parvient en moins d'une minute sur le lieu de l'accident. La Red-Bee est profondément enfoncée dans une congère, son cockpit est brisé, ses ailerons sont tordus, son moteur crache une sinistre fumée noire. Sans réfléchir, Rocket saute du jet-snow, court vers l'engin, s'introduit dans le cockpit par la verrière brisée.

Une jeune fille est évanouie dans le siège du pilote.

« Elle n'a pas l'âge de piloter ça, constate Rocket. Pas étonnant qu'elle se soit plantée ! »

Il n'y a pas une minute à perdre : la fumée envahit le cockpit, ça sent le brûlé à l'arrière, des flammèches courent sur les circuits… Il donne de violents coups d'épaule contre le sas au montant tordu, qu'il parvient à débloquer. Il empoigne la fille par les épaules, la traîne au-dehors. À peine a-t-il parcouru quelques mètres que la Red-Bee explose, projetant à la ronde des débris incandescents. Rocket se jette dans la neige, couvre la fille de son corps pour la protéger.

Le souffle et le bruit de l'explosion l'ont tirée de son évanouissement. Elle entrouvre des yeux papillotants d'un joli vert d'eau. Une Obiane, reconnaît Rocket à sa petite taille, son teint pâle et ses cheveux argent.

— Aarch... Faut que je trouve Aarch..., marmonne-t-elle d'une voix éteinte avant de retomber dans l'inconscience.

***

Plutôt que d'accorder une interview privée à Callie Mystie, Aarch a préféré exposer son projet en direct à tous les candidats :

— Laissez-moi me présenter : je m'appelle Aarch. Vous avez dû entendre parler de moi... en bien ou en mal. J'ai fait partie de la dernière grande équipe de foot d'Akillian, avant la Catastrophe. Si je suis revenu, c'est parce que j'ai l'intention d'en créer une nouvelle, encore plus talentueuse. Et ce grâce à vous ! Je suis persuadé qu'on peut réveiller le Souffle d'Akillian. Le professeur Clamp, ici présent, co-dirigera cette journée de tests. Nous ne prendrons que les meilleurs. Je compte sur vous pour vous donner à fond ! Eh bien, bonne chance !

Pendant le discours d'Aarch, Ahito a failli s'endormir, réveillé d'un coup de coude par D'jok. Micro-Ice, placé « par hasard » près de Meï, a gardé les yeux fixés sur elle… des yeux pleins d'étoiles. Il a suivi néanmoins, car il demande :

— Au fait, m'sieur, on va les faire où, vos tests ? Je vois aucun terrain de foot…

— Tu fais bien d'en parler, intervient Clamp. Il me faut justement un volontaire. Approche, mon garçon, et enfile cette combinaison, s'il te plaît. (Il lui tend un maillot et un short jaunes et violets truffés de capteurs.) Tu vas te changer là-dedans. (Il désigne le second cube blanc, le plus petit.) Et puis tu entreras ici.

Coup de pouce vers l'entrée illuminée derrière lui.

Une minute plus tard, Micro-Ice se présente en tenue devant l'holo-trainer. À moitié aveuglé par la lumière, il ne distingue qu'un sol blanc et des parois noires. Rien de bien excitant *a priori*… Il se tourne vers ses camarades, qui le soutiennent :

— Ouais, vas-y, Micro-Ice !

— Montre-leur c'que tu sais faire !

Mais c'est le regard de Meï posé sur lui – à qui il adresse un sourire – qui lui donne le courage d'entrer dans cette boîte lumineuse. Clamp pianote sur sa console, et la porte se referme en coulissant sur Micro-Ice.

Il s'avance jusqu'au milieu du cube, décontenancé. Ça, un terrain d'entraînement ? Où est le ballon ? Où sont les buts, les adversaires ?

Tout à coup, les parois noires s'effacent, remplacées par un « ciel » artificiel ; le sol blanc se colore en vert, s'y impriment les lignes de centre et de surface de réparation, des cages virtuelles apparaissent à chaque bout. Le tout a pris la dimension d'un vrai terrain de foot, nettement plus vaste en apparence que le cube lui-même.

— Ben ça alors ! souffle Micro-Ice estomaqué.

Il s'agenouille, palpe le sol de la main : il a l'air réel…

— Bon, je t'explique. (La voix d'Aarch provient de partout à la fois.) Tu vois la ligne rouge à l'autre bout du terrain ? Tu dois t'y rendre le plus vite possible, balle au pied.

La main en visière pour se protéger de la vive lumière, Micro-Ice repère la ligne en question, devant des buts qui lui paraissent très lointains. Un ballon se matérialise près de lui. Il le tâte du bout du pied : il est solide… Il le cale sous son talon, se met en position.

— Ouais, trop facile !

— Des obstacles apparaîtront sur ton parcours, reprend Aarch. Il faudra que tu les dribbles sans perdre de temps.

— Ah… Moins trop facile.

— Attention… c'est parti ! retentit la voix de Clamp.

Micro-Ice s'élance, poussant le ballon du pied. À quelques mètres devant lui se virtualise un joueur shadow, un avatar de Fulmugus tout à fait réaliste… Pas tant que ça en fait, car Micro-Ice le dribble sans difficulté. Puis des bornes surgissent sur son parcours, qu'il doit éviter en un slalom de plus en plus serré. S'il en touche une, elle clignote en rouge en émettant un son désagréable : un mauvais point sans doute.

— Oh oh… ça se complique, on dirait !

Sept bornes se dressent soudain devant Micro-Ice et lui foncent dessus. Il n'a d'autre choix que de les franchir en sautant, tout en gardant le contrôle de son ballon. À peine a-t-il touché terre et récupéré la balle que trois avatars de Fulmugus tentent de l'arrêter, tandis qu'un goal virtuel est apparu dans les buts. Il parvient à dribbler le premier en faufilant la balle entre ses jambes, évite le deuxième de justesse par un tourné-reculé, shoote vers le but d'où est sorti le gardien – qui se prend le ballon en pleine poitrine et se désagrège. La balle revient, Micro-Ice bondit pour la réceptionner et tirer de nouveau dans les buts. Or il se reçoit mal, chute et dérape sur le terrain, poussant le ballon du pied… glisse entre les jambes écartées du troisième défenseur shadow… qui s'efface derrière lui. Haletant, Micro-Ice tourne la tête… esquisse un sourire de victoire : la ligne rouge est là, juste sous sa nuque !

— Ouaiaiaiais !!!

La porte de l'holo-trainer s'ouvre sur un Micro-Ice radieux, aussitôt entouré de ses potes.

— Alors ? Comment c'était ? s'enquiert Thran.

— Absolument *génial* ! jubile Micro-Ice.

— Très bien, sourit Aarch. Et maintenant, à qui le tour ?

Une bonne trentaine de bras se lèvent aussitôt : « Moi ! – Non, moi ! – Moi, m'sieur, moi ! – À moi, à moi ! – Siouplaît m'sieur ! – Moi, j'suis le meilleur !... »

***

Enfin, elle reprend conscience.

Rocket a ramené la petite Obiane à vitesse réduite sur son jet-snow jusqu'à sa grotte secrète. En chemin, il a envisagé de la conduire chez son père, mais y a vite renoncé en imaginant la scène : « Qui est cette fille ? D'où vient-elle ? Qu'est-ce que tu faisais sur les Plateaux Venteux au lieu d'aller livrer mes fleurs ? Il faut appeler la police, l'envoyer à l'hôpital ! Comme si je n'avais pas assez de soucis comme ça !... » Bref, l'aventure aurait vite tourné court, or ce n'est pas tous les jours que Rocket rencontre quelqu'un – mieux : sauve une fille d'une mort certaine. Une fille très jolie en plus :

fine et menue, un visage d'ange au nez en bouton de fleur, de fins cheveux argentés qu'il a bien envie de caresser, et de beaux yeux verts...

Couvé par son père, qui représente son unique famille (depuis le décès de sa mère quand il était bébé), Rocket est un solitaire, sans amis ni même simples copains, et bien sûr sans copine – les filles sont pour lui un mystère total. Il ne va pas à l'école, éduqué par Norata et par Educator, le réseau d'enseignement interactif de la TTV (de la Technoïd autrement dit). Norata craint que son fils ne quitte un jour le chalet familial. C'est pourquoi il l'a très tôt employé dans sa petite entreprise de fleuriste, et envisage d'en faire son associé puis son successeur. Rocket ne connaît du monde que ce que son père lui permet de connaître, et ce qu'il apprend en cachette à la TTV – notamment le Galactik Football... Car cette vie recluse et solitaire serait bien triste et misérable si Rocket n'avait pas entretenu cette passion secrète pour le GF. À l'instar de D'jok qui se croit investi d'un destin hors du commun, Rocket rêve lui aussi de devenir un grand joueur de foot, de suivre la voie de son oncle vénéré. Mais Rocket, lui, sait bien que ce n'est qu'un rêve, que tant qu'il vivra par, pour et dans les fleurs, ce destin-là ne frappera jamais à sa porte.

Jusqu'à l'apparition miraculeuse d'Aarch, la semaine dernière... Son rêve a soudain pris forme et consistance, s'est transformé en un fol espoir. Espoir que Norata s'efforce de réduire à néant, mais Aarch existe, il est sur Akillian pour recruter une nouvelle équipe – Rocket a vu le reportage de Callie Mystie à la TTV. S'il pouvait en faire partie... Mais comment ? Comment ? Voici maintenant cette fille qui tombe du ciel, qui elle aussi veut trouver Aarch... certainement pas pour lui offrir des fleurs ! Un autre signe du destin ?

Étendue sur l'unique siège qui meuble la grotte sommairement aménagée, elle remue, soupire... Ses paupières clignent, ses grands yeux verts se posent sur Rocket avec surprise.

— Alors, ça va mieux ? lui demande-t-il, plein de sollicitude.

Il a tenté de soigner la grosse bosse qui fleurit sur son front avec de la glace et un spray contre les hématomes qu'il a piqué dans la pharmacie familiale. Elle porte la main à sa tête, grimace, mais ne répond pas.

— Qu'est-ce que… Où sommes-nous ?

— T'inquiète pas, t'es à l'abri chez moi… Je m'appelle Rocket.

— Moi c'est Tia… (Elle promène sur la grotte garnie de posters de foot un regard effaré.) T'habites vraiment dans cette caverne ?

— Euh, pas exactement, mais disons que je viens ici très souvent. Tu reveux de la glace ?

Rocket casse un morceau de stalactite, qu'il lui tend.

— Pour quoi faire ? se méfie Tia.

— Pour ta bosse… Ça empêche qu'elle enfle.

Elle plaque avec précaution le glaçon sur son front : en effet, ça soulage.

— Que s'est-il passé ?

— Ta navette s'est écrasée… Je t'en ai sortie juste avant qu'elle explose. Tu viens d'Obia, pas vrai ?

De nouveau, Tia ignore sa question. Elle jette le glaçon, se lève brusquement sous les yeux stupéfaits de Rocket. Il est vrai que les Obians, sous leur apparence fragile, sont très robustes en vérité… Les rudes conditions de vie sur cette petite lune sans atmosphère y sont pour quelque chose.

— Il faut que je rencontre Aarch au plus vite ! (Tia considère de nouveau les photos, fanions et posters, s'arrête sur celui d'Aarch en grandeur nature.) D'après ce que je vois, on dirait que tu t'intéresses à lui… Tu dois savoir où il se trouve ?

Timide, Rocket ne trouve rien de mieux que de tapoter dans son ballon, de le faire sauter d'un pied sur l'autre.

— Eh bien… Pour te dire la vérité, Aarch est mon oncle.

Les yeux de Tia s'allument, un sourire éclaire son visage.

— C'est vrai ? Mais c'est génial !

Rocket fait la moue, shoote dans son ballon, qui rebondit contre une étagère de bric et de broc, en déloge la boîte contenant sa collection d'écussons.

— Mouais, sauf que je le connais à peine… Je lui ai parlé qu'une seule fois.

— Ah bon ? (Le ballon revient dans les pieds de Tia, qui le bloque.) Pourtant il faut à tout prix que je le trouve !

— Pourquoi ? Tu veux faire partie de sa nouvelle équipe ?

L'air de rien, elle tape à son tour le ballon, sans même viser semble-t-il. Pourtant, au bout d'une trajectoire lobée que Rocket n'a que rarement réussie, la balle pénètre droit dans le trou à côté du repère 10 – le plus difficile. Il ouvre des yeux incrédules.

— Oui, j'y compte bien ! sourit Tia. Pas toi ?

— Ben… c'est pas l'envie qui m'en manque, c'est simplement que je… Hé !

Tia s'est précipitée au-dehors, a sauté sur le jet-snow qu'elle essaye de mettre en route. Rocket la rejoint en courant.

— Qu'est-ce que tu fais ?

Elle réussit à démarrer l'engin, qui se met à siffler.

— T'as exactement deux secondes pour monter derrière moi. Sinon j'y vais toute seule, tant pis pour toi !

— Attends un peu, Tia. D'abord c'est *mon* jet-snow, et je préfère le piloter moi-même. Ensuite, tu sais même pas où est Aarch !

Elle recule sur le siège biplace, lui laissant le guidon.

— Alors vas-y, emmène-moi !

6. Le Souffle !

Dans l'ancien Arena Stadium, les tests se succèdent. Les volontaires enfilent l'un après l'autre la combinaison biotronique et se suivent dans l'holo-trainer, d'où ils ressortent au bout d'un temps variable, généralement épuisés, parfois heureux d'avoir réussi les épreuves que Clamp programme sur sa console, le plus souvent dépités d'avoir échoué, certains qu'ils ne seront pas retenus lors de la sélection finale.

Arrive le tour de Thran, dont Clamp est

bien heureux de se débarrasser. Car Thran lui a collé aux basques quasiment depuis le début, émerveillé par sa console (« C'est une Micronics, pas vrai ? – Non, gamin, je l'ai fabriquée moi-même. – Mais vous avez pris une Micronics comme base, j'en suis sûr ! »), posant sans cesse des questions sur ce qui apparaît à l'écran (« Ça, ça mesure quoi ? Et ce curseur, à quoi il sert ? Là, c'est le rythme cardiaque ? Et là, c'est pas la vitesse de tir ? Non ? Alors c'est quoi ? »), voulant à tout prix connaître le principe de fonctionnement de l'holo-trainer (« C'est de la réalité virtuelle, O.K., mais comment le ballon se matérialise ? Comment peut-on le sentir au pied ? »)… Jusqu'à ce que Clamp, excédé, demande à Aarch :

— Fais-le passer maintenant, celui-ci. S'il n'est pas bon, renvoie-le chez lui !

Thran enfile donc la combinaison jaune et violet, ce qui prend un peu de temps car il cherche à repérer l'emplacement et la fonction de chaque capteur, puis entre à son tour dans le cube blanc. Aarch le prévient qu'il va être testé en défense. Il se trouve donc confronté à des sims chauves et bleus à qui il doit prendre le ballon avant qu'ils n'atteignent la surface de réparation. Il ne s'en tire pas mal, marquant ses adversaires avec ténacité, eux qui pourtant ne se fatiguent pas, ne s'essoufflent pas. Aucun d'eux ne franchit la ligne blanche. Thran réussit même à leur faucher le ballon et à mener seul une attaque qu'il achève par un tir cadré dans une cible qui clignote joyeusement en vert. Après quoi il s'effondre sur le terrain virtuel, hors d'haleine. Dans son moniteur de contrôle, Clamp le remarque et note un certain déficit en endurance, compensé par une ténacité et une faculté de concentration remarquables. Un excellent défenseur en somme... Clamp devine qu'il ne sera pas débarrassé de lui de sitôt.

Vient ensuite le tour d'Ahito, que D'jok doit réveiller de nouveau.

— Lui, on va le tester comme gardien, propose Aarch.

Il se rappelle en effet l'arrêt magistral que cet endormi a effectué l'autre jour à la Cafétéria, empêchant contre toute attente la balle d'aller fracasser les verres et bouteilles derrière le comptoir.

Ahito ne faillit pas à sa réputation : allongé

devant une cage immense, il semble roupiller comme s'il était sur la pelouse d'un parc et non devant des buts à défendre. Un ballon vole vers lui. Son bras se lève en un éclair, son poing le percute et le renvoie. Puis un deuxième : cette fois c'est son pied qui l'arrête, sans qu'Ahito paraisse même se réveiller ! Alors les tirs se font plus vicieux : lobés, en lucarne, au ras de la barre supérieure, frôlant les poteaux ou rebondissant dessus. À chaque fois Ahito jaillit, arrête la balle ou la renvoie, de la main, du pied, de la tête, de la poitrine, sautant, culbutant, plongeant au sol, vif comme un feu follet, à l'exact opposé du loir somnolent qu'il donnait l'impression d'être. Il faut que Clamp envoie dix ballons d'un coup pour qu'Ahito en laisse passer deux... faute d'avoir assez de bras et de jambes. Aarch hoche la tête, impressionné : décidément, ce garçon recèle bien des ressources cachées !

— Au suivant ! appelle-t-il.

C'est au tour de Meï. La combinaison lui va comme un sac et, d'emblée, elle le fait remarquer :

— C'est un vêtement d'homme, ça ! En

plus, il pue la transpiration ! Vous n'avez rien de plus seyant ?

— Désolé, mademoiselle, il faudra vous en contenter, réplique Aarch. On n'a pas d'usine pour les fabriquer en série, voyez-vous. Si ça ne vous plaît pas, la sortie c'est par là !

— Tout de même, s'offusque sa mère, ma petite Meï mérite mieux que ça ! Enfin, s'il faut en passer par là... Vas-y, ma fille, montre-leur tes talents !

Meï est impressionnée par les dimensions virtuelles du terrain, mais s'efforce de n'en rien laisser paraître. Consciente qu'elle est observée, elle se pavane sur le rond central comme si elle était sur un podium pour un défilé de mode. Elle est aussitôt bousculée par huit sims bleus, qui foncent vers les buts qu'elle est censée défendre.

— Hé ! proteste-t-elle. Je ne jouerai pas en défense ! C'est un test d'attaque qu'il me faut !

Sa voix résonne dans les micro-enceintes intégrées à la console de Clamp, près de laquelle se tient la mère de Meï, qui surveille le savant comme si elle comprenait quelque chose à ses instruments et ses manipulations.

— Vous l'avez entendue ? renchérit-elle. Changez votre programme !

— Madame, rétorque Aarch d'un ton froid, c'est *nous* qui édictons les règles. Vous êtes candidate ? Non ? Alors vous n'avez rien à faire ici !

— Quinze secondes, annonce Clamp, qui lance le compte à rebours.

Celui-ci s'affiche dans l'holo-trainer. Meï comprend qu'elle a quinze secondes pour prouver sa valeur, faute de quoi elle sera définitivement évincée. Elle se rue vers les attaquants virtuels, se jette dans les pieds de celui qui a le ballon et le lui fauche juste avant qu'il ne tire dans les buts. Un nouveau ballon apparaît aux pieds d'un autre sim, elle s'en empare en un tacle magistral. Puis un troisième, un quatrième, un cinquième... Meï bondit, plonge, glisse, donne du pied et de la tête, réussit à chaque fois à récupérer la balle. Sept balles sur huit prises à l'adversaire en quinze secondes – et Meï n'est même pas essoufflée.

152 points sur 160, affiche la console devant Aarch et Clamp médusés. Aucun joueur testé en défense n'a dépassé les 100 points, sauf Thran qui a obtenu 120. Tous deux échangent

un sourire de connivence : voilà la défenseuse qu'il leur faut... Mais sans sa mégère de mère !

— Quel spectacle, chers holospectateurs ! commente Callie Mystie, qui suit l'entraînement en direct pour Arcadia News. Et ce n'est pas fini, les candidats se pressent pour tenter leur chance ! Qui aurait cru qu'il y a d'aussi bons joueurs sur Akillian ? On peut d'ores et déjà remercier Aarch de nous les avoir révélés !

— Et moi ? proteste Clamp. Sans mes machines...

— Et le professeur Clamp aussi, bien sûr. Je suis prête à parier que son holo-trainer va faire un malheur dans les clubs de Galactik Football !

Testé comme passeur, Sined s'en tire très honorablement : son ballon atteint treize cibles sur quinze, des cibles mouvantes figurées par des cercles rouges concentriques. Plus les tirs sont puissants, plus les cercles s'éloignent les uns des autres. Pied droit, pied gauche, à la volée, retourné... même un de la tête. Il obtient un score de 145 points, ce qui n'est pas très éloigné de la perfection.

— Tiens, essaye de faire mieux... si t'en es

capable ! défie-t-il D'jok en lui tendant la combinaison.

— Avec plaisir, mon vieux…

D'jok est également testé comme passeur, mais cette fois marqué par un adversaire : non seulement il doit tirer dans les cibles, mais aussi empêcher le sim bleu de lui piquer le ballon. Ça tourne très vite à la course-poursuite infernale, au cours de laquelle D'jok parvient néanmoins à percuter toutes les cibles qu'il repère – il en perd vite le compte. Le sim finit par renoncer et s'effacer, comme s'il était découragé. Le coup de gong annonçant la fin du test retentit à point nommé : D'jok est à bout de forces.

Debout derrière Clamp, Sined surveille la progression de la barre de points, persuadé que cet avorton de D'jok n'atteindra pas les 100. Son sourire narquois s'efface quand le score affiche 120… et la barre continue de progresser. D'jok le rejoint alors qu'elle dépasse les 140… Sined serre les dents. Enfin la barre se stabilise : l'écran affiche 150 points.

— Ça te va comme ça ? lance D'jok ironique.

Sined s'éloigne en grognant, mais ne trouve

rien à redire : il ne peut quand même pas accuser les machines de Clamp de tricher !

— Nous sommes toujours en direct de l'Arena Stadium, où les tests de recrutement d'Aarch s'achèvent, commente Callie Mystie, suivie pas à pas par sa fidèle holocam volante. Il ne reste presque plus de candidats… Mais je vois des retardataires qui sortent encore de l'ascenseur ! On peut dire que ces deux-là arrivent *in extremis* pour tenter d'intégrer l'équipe d'Aarch !…

Obéissant à la voix de sa maîtresse, l'holocam se braque sur les deux retardataires en question… C'est ainsi que les découvre Norata, qui a installé un écran télé dans ses serres, histoire d'avoir un peu de compagnie quand il repique ou bouture ses plantes. Son fils, en gros plan ! En compagnie d'une petite greluche aux cheveux blancs ! Les bras lui en tombent, le bac à fleurs qu'il tenait aussi. Rugissant de colère, il se précipite au garage et se jette dans son glisseur pick-up.

***

— Bon, ben… je crois que je ferais mieux

de te laisser, dit Rocket à Tia, tous deux parvenus devant l'holo-trainer.

— Non, pas question ! Tu m'as amenée jusqu'ici, c'est pas pour repartir maintenant. (Tia adoucit d'un sourire son ton un peu autoritaire.) Reste au moins pour me voir jouer !

— Bon, d'accord...

Rocket se mêle à la foule, rive ses yeux sur le moniteur qui montre au public ce qui se passe à l'intérieur de l'holo-trainer. Penché sur la console de Clamp, son oncle ne l'a pas encore vu. D'ailleurs Rocket ne tient pas à ce qu'Aarch le découvre.

Tia se campe devant l'entrée du cube, d'où sort un candidat exténué et déconfit : apparemment, ça n'a pas été un succès pour lui... Il va se changer, donne la combinaison à Tia sans un mot. Aarch se tourne vers elle :

— À toi, ma petite. Tu es la dernière, c'est ça ?

— Euh... Pas vraiment...

Elle cherche Rocket du regard, mais celui-ci s'est fondu au sein de l'assemblée.

On lui indique les vestiaires, elle va enfiler la tenue, pénètre à son tour dans l'holo-trainer. Le terrain virtuel et le ciel artificiel lui tirent un petit cri d'enchantement. Puis le ballon se matérialise à ses pieds. Juste au moment où elle le remarque, elle est violemment bousculée par un sim bleu soudain apparu à ses côtés. Elle se relève, abasourdie – la balle est toujours là.

Quatre avatars se ruent sur Tia depuis l'autre extrémité du terrain. Elle comprend qu'elle est en position de défense, devant la surface de réparation, qu'elle doit empêcher ces quatre-là d'atteindre la cage vide derrière elle. Tia se concentre... Une énergie brûlante, une puissance incroyable l'envahit tout entière, commençant même à déborder d'elle en filaments bleutés. Elle a l'impression que le temps s'étire, que les quatre joueurs virtuels galopent au ralenti. Elle voit très clairement ce qu'elle doit faire pour empêcher qu'ils ne lui prennent le ballon. C'est tout bonnement impossible – mais elle *sent* qu'elle peut le faire. Elle se met à courir elle aussi – sus aux attaquants ! À mesure qu'elle court, cette énergie fabuleuse la transporte, l'emplit d'une *force* démesurée, s'écoule d'elle en ondes d'un bleu électrique. Elle atteint une vitesse faramineuse, les sims ont l'air de tortues à côté : tous leurs gestes sont décomposés, elle peut deviner – et contrer – chacun de leurs mouvements. Parvenue à un mètre devant eux, elle tape une chandelle. Le ballon décolle telle une fusée. Et Tia le suit ! Portée par ce flot d'énergie bouillonnante, elle décolle à son tour sur une colonne de lumière et rejoint la balle qui paraît suspendue dans les airs. Tout est ralenti autour de Tia – ou plutôt, c'est elle qui a accéléré à un rythme phénoménal ! Elle se couche sous le ballon tourbillonnant, soutenue par une nappe d'éclairs bleus. Elle hurle sans même s'en rendre compte. Son pied se lève en un puissant mouvement de balancier, percute le ballon qui fuse vers les buts adverses, pulvérise le goal virtuel, s'enfonce dans les filets tel un météore.

Puis Tia redescend en toupie sur sa colonne d'énergie, qui s'amenuise et la quitte à mesure qu'elle s'approche du sol… Elle se reçoit en douceur sur le terrain, abasourdie mais pas vraiment essoufflée, les nerfs juste un peu tendus, comme si elle avait reçu une décharge électrique pas trop forte. Elle ignore ce qui s'est passé au juste, mais elle a l'impression que c'était plutôt bien…

Devant la console, Aarch et Clamp ont

assisté en direct à l'événement. Ils restent comme deux ronds de flanc.

— Le Souffle ! murmure Aarch, qui comprend le premier.

Quand Tia sort de l'holo-trainer, tout le monde a les yeux fixés sur elle – des yeux éblouis, stupéfaits. Rocket plus encore, qui en oublie de se cacher. Tia se dirige droit sur lui, enlève sa tenue, la lui tend :

— À ton tour maintenant.

En slip et soutien-gorge, elle court se rhabiller dans les vestiaires, suivis par trente paire d'yeux qui ne croient pas encore ce qu'ils ont vu.

Aarch découvre soudain son neveu planté au milieu de la foule, éberlué, le vêtement dans la main.

— Rocket ? Est-ce que ton père sait que tu es là ?

— Oui, et je ne suis pas d'accord ! éclate une voix bourrue.

Norata fend l'assistance, clopinant aussi vite qu'il le peut sur sa jambe artificielle. Il arrache la combinaison des mains de Rocket, la jette par terre et tend vers son fils un doigt péremptoire.

— Toi, tu viens avec moi ! On rentre.

Tête basse, les mains dans les poches, Rocket suit d'un pas traînant son père vers l'ascenseur. Avant d'y entrer, il se retourne, aperçoit Tia à la porte du vestiaire, qui le regarde d'un air attristé…

C'est encore pire : non seulement il va se prendre un savon maison, mais en plus il va regretter de ne pas avoir mieux connu cette étrange petite Obiane.

***

Ça fait bientôt une heure que tout le monde attend les résultats des tests. Debout ou assis, seuls ou en petits groupes, les candidats perdent patience. Certains sont déjà partis, assurés que leur parcours plus ou moins désastreux les a classés tout en bas de l'échelle. Les autres espèrent avoir montré quelque talent, suffisant pour justifier leur sélection au moins en tant que remplaçants…

Dans leur coin, penchés sur leurs écrans, Aarch et Clamp échangent des messes basses, pointent du doigt telle zone ou telle colonne, griffonnent sur des tactiles de poche, palabrent, argumentent, semblent avoir du mal à se mettre d'accord.

La mère de Meï jure ses grands dieux qu'elle va faire un esclandre si sa championne de fille n'est pas sélectionnée. Sined tourne en rond comme un lion en cage. Tia demeure à l'écart, envoie paître ceux qui tentent de l'approcher. D'jok, Micro-Ice, Thran et Ahito sont assis en rond par terre ; Ahito somnole, Micro-Ice ronge son frein et D'jok s'inquiète :

— Ils vont me prendre, tu crois ? demande-t-il à Thran pour la énième fois.

— Tu rigoles ou quoi ? S'ils te prennent pas toi, on peut tous rentrer chez nous, j'te l'dis !

— Ouais ben moi j'en ai marre ! explose Micro-Ice, qui se lève brusquement. Ça fait une heure qu'on poireaute, j'en peux plus ! Je m'en fiche de leur équipe, je retourne à la maison !

Joignant le geste à la parole, il s'éloigne d'un pas décidé vers l'ascenseur.

— Votre attention, s'il vous plaît ! résonne la voix grave et forte d'Aarch. (Tout le monde se met debout.) Clamp et moi avons finalement choisi sept d'entre vous. Les autres, ne soyez pas déçus si vous n'avez pas été sélectionnés. Je vais garder vos noms, car j'aurai sûrement besoin de remplaçants. Et puis, n'oubliez pas, il n'y a pas que le football dans la vie…

— Ça, c'est la première parole sensée de la journée ! souligne Micro-Ice, qui du coup fait demi-tour.

— Clamp ?

Celui-ci pianote sur une console holographique, qui projette dans l'air au-dessus de l'assistance six visages…

D'jok. Thran. Ahito. Sined. Meï. Et Tia.

Cris de joie des intéressés. D'jok, Thran et Ahito se tombent dans les bras. La mère de Meï, radieuse, serre sa fille contre elle. Sined affiche un air supérieur, genre « J'en étais sûr ». Tia, tout émue, retient une larme. Micro-Ice, lui, fait la gueule.

— Et le septième, Clamp ? interroge Aarch.

— Attends, j'ai un petit souci de transmission… Voilà, ça vient !

Un septième visage tourbillonne dans l'air, se positionne à côté des six autres : Micro-Ice.

— Waouh ! J'suis pris ! bondit celui-ci. (Il court vers ses amis, bras en l'air.) Vous vous rendez compte, je fais partie de l'équipe ! Avec vous les mecs ! Non vraiment, ça me fait plaisir. Remarquez, d'un autre côté, c'est normal : on peut pas se passer de moi, pas vrai ?

***

Très loin d'Akillian, autour d'une grande étoile bleue, orbite une belle planète qui évoque une agate avec ses longues bandes de nuages diaprés. Cernée par une ceinture d'astéroïdes, elle est d'un accès assez difficile. En outre, elle est entourée par un anneau de satellites artificiels, dont la plupart sont des armes puissantes servant à détruire les astéroïdes qui risquent de chuter sur la planète. Accessoirement, ce sont aussi des armes de dissuasion… Mais nul – hormis les Humains, jadis – ne s'aviserait de faire la guerre aux sages et puissants Lightnings. Cette planète à l'allure de joyau est la leur : Xzion.

Au sein de la couronne de satellites, il y en a un qui n'est pas une arme, mais un lieu de réunion. C'est une vaste sphère, munie d'alvéoles qui sont autant de micro-environnements, de microclimats, permettant d'accueillir les formes de vie les plus variées.

C'est le lieu de réunion du Cercle des Fluides.

Au centre de la sphère tourne lentement une réplique miniature de la Galaxie dans laquelle clignotent, minuscules lucioles, tous les mondes qui ont un membre délégué au Cercle des Fluides. L'un d'eux scintille plus fort que les autres : c'est Akillian.

Les alvéoles sont pour le moment désertes, mais elles peuvent être occupées très vite, par des êtres physiques ou leurs représentations virtuelles, dès lors que le Cercle des Fluides est convoqué.

C'est ce qui va se produire d'un instant à l'autre, car une voix désincarnée retentit, roulant ses échos dans la vaste sphère :

— Les membres du Cercle des Fluides doivent se réunir immédiatement : le Souffle d'Akillian s'est manifesté !...

5. L'HOLO-TRAINER

Après avoir effectué d'ultimes réglages, Clamp touche – non sans une pointe d'appréhension – le fameux bouton blanc de lancement sur le tactile de sa console. Pas d'éclairs ni de crachotements cette fois : les contrôles se mettent au vert, des données s'affichent indiquant que le système est chargé à sa puissance nominale et prêt à fonctionner. Clamp se renverse sur sa chaise avec un sourire de satisfaction, se croise les mains derrière la nuque.

envoyer un avatar avec qui il reste en contact, lui transmettant ses décisions. Mais c'est assez rare. Seul le président du Cercle, Maître Brim Zimbra – un Lightning —, est représenté en permanence par un avatar : très âgé, il ne quitte pas sa planète natale, car il ne supporte plus les voyages spatiaux. Même le simple saut de puce entre Xzion et sa couronne de satellites représente pour lui une épreuve insurmontable. Assis en posture yogi dans une bulle virtuelle aux nuances violines, son avatar paraît flotter au centre de la grande sphère, au-dessus de la Galaxie miniature qui tournoie lentement.

C'est l'Honorable Galahaas, grand maître du Conseil de l'Ombre – le gouvernement shadow –, tout de blanc vêtu et portant l'insigne du Cercle ainsi que l'exige le protocole, qui prend le premier la parole :

— Notre principale inquiétude est qu'Aarch parvienne à réveiller le Souffle d'Akillian. Nous craignons que l'émergence de ce Fluide ne perturbe l'équilibre de la Galaxie.

Dame Simbaï, la représentante humaine au sein du Cercle – une femme mûre mais encore très belle, à la longue chevelure brune, à la voix douce et posée –, le contredit aussitôt :

— Voyons, Honorable Galahaas ! Le Souffle d'Akillian n'est pas assez puissant pour cela. Contrairement à ce que vous avez l'air de penser, il n'est pas responsable de la grande glaciation qu'a subie cette planète…

— Vous semblez mieux informée que nous tous, Dame Simbaï, réplique le délégué shadow. Pouvez-vous éclairer notre lanterne sur cette question ?

Mais Brim Zimbra – grands yeux blancs sans pupilles, visage anguleux voire décharné – intervient de sa voix grave, artificielle, qui produit un léger écho :

— Notre Cercle a été créé pour empêcher que les Fluides ne soient utilisés en dehors des matches de Galactik Football. Dans ce cadre sportif, leur usage ne représente absolument aucun danger.

— Je le sais, Maître Zimbra, répond Galahaas avec déférence. Mais qui nous dit que la Technoïd ne se cache pas derrière Aarch ? Je me méfie grandement de la Technoïd… à juste titre, vous en conviendrez.

Tous hochent gravement la tête : nul n'ignore en effet que la Technoïd fut jadis l'instrument de la guerre des Humains contre les Lightnings et les Shadows, la terrible

Guerre des Ombres. Créée dans ce but unique, vouée tout entière à la technologie militaire, la Technoïd envoya ses vaisseaux surarmés et ses robots sans âme semer la mort, la ruine et la désolation dans cette région jusque-là paisible de la Galaxie… Après la guerre – et la défaite des Humains –, la Technoïd fut reconvertie en un consortium industriel et repartit à la conquête de la Galaxie d'une façon plus pacifique : par le commerce de sa haute technologie, de ses robots et droïdes, de ses systèmes domotiques et de sécurité – et par ses réseaux d'holovision. Désormais, que ce soit chez les Shadows, les Lightnings, les Rykers, ou même au fin fond du village le plus bucolique des paisibles et spirituels Wambas, on tombe forcément sur un robot, un glisseur, un système d'alarme ou un climatiseur portant le logo Technoïd. Les chaînes de la TTV sont diffusées sur chaque planète par les satellites de la Technoïd. La plupart des astroports et des vaisseaux qui les utilisent ont été conçus et fabriqués par la Technoïd. Et aussi, bien entendu, tous les stades de Galactik Football…

Or, si la Technoïd affiche officiellement de pacifiques ambitions commerciales, chacun sait également – grâce à Dame Simbaï – qu'elle est plus ou moins contrôlée ou noyautée par un quarteron de militaires ; que, parmi ceux-ci, certains n'ont toujours pas digéré la défaite, rêvent d'une revanche grandiose, d'une domination absolue des Humains sur la Galaxie… car ainsi est la nature humaine. Même les Shadows, peu réputés pour leur pacifisme et leur bonté, l'ont appris à leurs dépens.

— Certes, Honorable Galahaas, approuve Dame Simbaï. Mais je connais Aarch personnellement : ce n'est clairement pas le genre d'homme à vendre son âme à la Technoïd.

— Si vous le dites… Il reste quand même un point qui m'inquiète tout particulièrement : six des enfants qu'il a sélectionnés pour former son équipe ont été atteints il y a quelques années d'une fièvre étrange, inexpliquée. Et la septième – originaire de la lune Obia pourtant – paraît maîtriser le Souffle à la perfection. Or tous ces enfants sont nés juste après la Catastrophe… Ce basculement de l'axe orbital d'Akillian dont j'admets que l'on ignore les causes, mais dont – vous devez le reconnaître, Dame Simbaï – nous ne mesurons pas encore toutes les conséquences.

— Je le reconnais, Honorable Galahaas. Je

remarque toutefois que là, c'est vous qui me paraissez très informé !

— J'ai des contacts sur Akillian, élude le dignitaire shadow avec un petit sourire.

— Quoi qu'il en soit, rappelle Maître Zimbra, l'utilisation du Souffle d'Akillian dans le cadre du Galactik Football est légale. Il ne nous appartient pas de la contrecarrer. Notre rôle est simplement de surveiller que le Souffle ne se répande pas hors de ce cadre…

— Il m'est venu à l'oreille, intervient d'une voix grinçante Soror Gomorrah, la vice-présidente du Conseil d'Administration d'Unadar (le gouvernement ryker), qu'Aarch a pour collaborateur un certain professeur Clamp, qui jadis a beaucoup travaillé pour la Technoïd…

— Précisément, rebondit Galahaas. C'est pourquoi j'insiste pour que ces deux-là soient surveillés de très près.

***

L'équipe d'Aarch s'entraîne dur dans l'holotrainer, qui a été déménagé et installé dans les sous-sols de l'Arena Stadium demeurés à peu près intacts, préservés de la neige et de la glace. Tirs, passes, arrêts, rebonds, dribbles, contrôles de la balle, tout y passe. Micro-Ice en fait des tonnes pour impressionner Meï, qui daigne à peine lui accorder un regard. Sined tente d'être plus fort et plus rapide que D'jok, y réussit parfois. Ahito est plutôt endormi tant qu'il ne s'agit pas d'arrêter un ballon, mais se révèle devant les cages étonnamment vif et rapide. Thran aimerait bien trouver un moyen de connecter son nouveau ballon high-tech à l'holo-trainer, mais Clamp lui a fait savoir que « ce n'est pas nécessaire, mon garçon, ceux générés par ma machine sont parfaitement adaptés ». Enfin Tia, silencieuse, à l'écart du groupe, épate tout le monde quand le Souffle se manifeste en elle, qu'elle s'envole en toupie jusqu'au plafond, portée par une colonne de lumière, se transforme en une espèce de démone blanche et balance un tir vrillé qui ébranle l'holo-trainer lui-même... puis retombe au sol en douceur, même pas essoufflée, juste un peu étonnée de son exploit.

— Sérieux, j'en reviens pas ! s'écrie Thran estomaqué. Comment elle fait ça ?

— Faudrait regarder de plus près, elle a peut-être des ailes dans le dos ! ironise D'jok, un peu jaloux de voir que cette fille est plus forte que lui – qu'eux tous réunis – et qu'elle n'en tire même pas fierté.

— Vous avez tout faux, les gars ! intervient Micro-Ice. L'ange, c'est pas elle. Il est là-bas, moi j'vous l'dis !

Il montre Meï à l'autre bout du terrain, en train de minauder près de Sined qui ne la remarque pas, acharné à réaliser un sans-faute en tirs cadrés – ce que vient de réussir D'jok il y a quelques instants.

— Hé ho ? T'es toujours avec nous, Micro-Ice ?

D'jok lui agite la main devant les yeux. Il cligne des paupières, parvient à détourner son regard éperdu de l'objet de sa flamme.

— Hein ? Euh… quoi ? On en est où, les gars ?

— On va passer à la conduite de balle, annonce Aarch.

Pianotant sur sa console, Clamp programme cette nouvelle épreuve dans l'holo-trainer. Celui-ci ne trône plus au milieu des poutrelles, pans de murs et coulées de glace de l'ancien stade de foot, mais dans ce qui fut jadis une salle de projection holographique circulaire, nette et bien éclairée. Les « Ferrailles » – des robots multifonctions fabriqués et programmés par Clamp – ont bien fait leur boulot : nettoyer les lieux, enlever les sièges, remettre en état l'éclairage et les circuits électriques. Dans cette salle nickel, on a du mal à croire qu'au-dessus gisent des décombres gelés sur soixante-quinze mètres d'épaisseur…

— Vitesse ? demande Clamp.

— Maximum !

Dans l'holo-trainer, tous les joueurs se retrouvent en ligne, chacun muni d'un ballon. Aarch leur explique brièvement ce qu'il attend d'eux : courir balle au pied le plus vite et le plus longtemps possible.

— Mais on sera tout de suite à l'autre bout du terrain, objecte Thran.

— Non, car vous resterez sur place. Surtout, faites bien attention de conserver votre équilibre.

— C'est parti ! lance Clamp.

— Qu'est-ce qu'ils ont encore inventé comme instrument de torture ? s'inquiète Micro-Ice.

À peine a-t-il posé cette question qu'un tapis roulant apparaît sous ses pieds et se met en branle.

Micro-Ice et ses coéquipiers sont obligés de courir aussi rapidement que défile le tapis roulant, poussant la balle devant eux, s'ils veulent rester debout et marquer des points. Bientôt l'exercice se complique, car des balises surgissent qu'ils doivent éviter par des dribbles serrés, sans perdre leur allure au risque d'être éjectés.

— D'jok... juste pour info..., lance Micro-Ice haletant, le foot c'était bien... un jeu, à la base, non ?

— C'est vrai, ça ! renchérit Ahito, qui peine à suivre le rythme. Pourquoi on fait jamais de matches ?

— Vous n'êtes pas ici pour vous amuser ! avertit Aarch à l'extérieur. Si je vous ai recrutés, ce n'est pas pour faire de la figuration, mais pour créer une véritable équipe, qui soit capable de battre les meilleurs. Vous disputerez des matches quand vous serez prêts !

— Et ça arrivera quand exactement ?... Hééé !...

À force de bavarder, Micro-Ice perd le rythme et la concentration, ses pieds sont emportés sur la surface mouvante, il bascule en avant, s'affale sur le tapis roulant qui le chasse aussitôt.

— Pas aujourd'hui, visiblement, sourit Aarch, qui a vu sa chute dans le moniteur de la console. Puis, s'adressant à Clamp : O.K., c'est tout pour le moment.

L'équipe sort de l'holo-trainer épuisée, à bout de souffle, les muscles tétanisés par des heures d'efforts intensifs. Sined trouve malgré tout la présence d'esprit de se moquer de sa tête de Turc :

— Décidément, Micro-Naze, t'es rien qu'un bouffon !

— Je m'demande ce qui m'retient de lui faire sa fête, à celui-là ! grogne Micro-Ice.

— La peur sans doute, suggère D'jok. Faut dire que t'es pas de taille…

— Ah, c'est ça les vrais potes : ils trouvent toujours les mots qui réconfortent ! Non, vraiment, ça fait plaisir !…

Silencieuse comme toujours, Tia traverse le groupe, gravit les marches qui mènent à la galerie desservant les sorties de la salle. Son passage jette un froid.

— Elle vous a déjà adressé la parole, à vous ?

s'enquiert Thran. Moi, elle m'a jamais dit un mot !

— Au fait, informe Clamp, pour ceux que ça intéresse, j'ai fini d'installer la salle de massage ce matin.

— Ça, c'est une bonne nouvelle ! se réjouit Micro-Ice qui se sent courbaturé de partout – et sa dernière chute n'a rien arrangé.

La salle de massage est une pièce garnie de tables dures et froides, au-dessus desquelles sont suspendus au plafond des Ferrailles spécifiques, aux bras munis de palpeurs. Ceux-ci, peut-être pas très bien réglés, tapent et percutent les corps meurtris des joueurs tels des pistons. Ils ont l'impression de recevoir sur le dos, le ventre ou les cuisses une grêle de coups de poing à peine adoucis par des tampons de mousse compressée, dure comme du bois.

— Les mecs, c'est pas moi... qui ai parlé... de bonne nouvelle, si ? parvient à exprimer Micro-Ice, grimaçant sous cette nouvelle torture.

— Oh ! aïe ! Oh non, je crois que... que je vais vomir..., grince D'jok entre ses dents serrées.

— Pourquoi on est là, tu peux me le dire, hein ? Ouch...

— Pour jouer au foot… toute la journée. Y a pire, non ? Gn… Tu préférerais bosser au fond des mines de glace ?

— Ouille ! Je te cache pas… que ça m'a traversé l'esprit. Argh…

— Faites comme mon frère, les mecs, suggère Thran qui semble mieux supporter l'épreuve. Soyez relax et tout ira bien !

Pour être relax, Ahito l'est : malaxé aussi rudement que les autres, il n'en dort pas moins comme un loir…

***

Tia traverse à pas circonspects le chantier de restauration de l'Arena Stadium, où toutes sortes de Ferrailles s'activent à souder, coller, boulonner, monter des charpentes et des infrastructures, dans un vacarme bien ordonné de coups, chocs métalliques, crépitements, cliquetis, bourdonnements et grésillements. L'un d'eux vient lui tourner autour, un laser de soudure et une pince multiprise au bout de ses bras articulés. Il palpe ses vêtements, la scanne des pieds à la tête, conclut qu'elle ne fait pas partie du matériel répertorié et s'en retourne à sa tâche. Tia soupire de soulagement : le Ferraille aurait aussi bien pu la prendre pour une poutrelle et tenter de l'intégrer à une construction… Les robots de Clamp ne sont pas toujours performants à cent pour cent : celui-ci, par exemple, s'acharne à fouiller un bidon de déchets qu'il croit être sa boîte à accessoires et tente avec obstination de greffer au bout de ses bras des morceaux de plastique, rebuts de ferraille ou tronçons de câbles électriques.

Tia arrive devant le bureau d'Aarch, sonne à la porte, qui coulisse devant elle. C'est la seule pièce qui a été aménagée au-dessus du sol, bénéficiant ainsi de la lumière du jour qui entre à flots par une large baie vitrée. Dans le parquet, une grande dalle de verre offre une vue sur le glacier qui comble une rue en dessous. Tia se tient au bord de cette surface, comme si elle craignait de tomber dans le vide.

— Vous avez demandé à me voir, monsieur ?

Aarch repose le schéma de jeu qu'il était en train d'étudier sur un organiseur, se lève et l'accueille d'un sourire.

— Oui. Approche-toi, je ne vais pas te manger !

Elle s'avance en hésitant, les yeux baissés. En fait, ce n'est pas de la peur, mais de la timidité, remarque Aarch.

— Tia… Depuis quand as-tu développé le Souffle d'Akillian ?

— Je vous demande pardon ?

Elle porte la main à sa bouche, comme si elle avait commis une bêtise. Aarch précise sa question :

— Depuis quand es-tu capable de faire ce que tu fais avec un ballon ?

— Euh… Depuis longtemps, monsieur. Je ne me souviens plus très bien…

Aarch s'adosse à son bureau en croisant les bras, s'efforce d'adopter une attitude décontractée : il ne veut pas avoir l'air trop inquisiteur devant cette jeune fille visiblement intimidée.

— Et tes parents… comment ont-ils réagi en découvrant ce don ?

— Ils ne sont pas au courant. Mes parents sont de grands diplomates, ils sont toujours en déplacement. J'ai été élevée par ma gouvernante…

— Ils savent au moins que tu es ici, j'espère ?

— Vous n'avez pas reçu leur message, monsieur ?

— Si si, je l'ai reçu...

Aarch saisit sur son bureau un lecteur d'holocartes, l'active. Dans le champ bleuté au-dessus de l'appareil se dessinent un homme et une femme élégants, plutôt jeunes, qui ne ressemblent guère à Tia. Mais les Obians sont des gens plutôt bizarres...

« Nous avons donné à notre fille Tia l'autorisation de jouer dans votre équipe », déclare l'homme sur un ton un peu guindé. La femme se serre contre lui, toute souriante, et ajoute : « Nous sommes très fiers d'elle, monsieur Aarch, vous savez ! »

— Voilà, ce sont mes parents..., confirme Tia en baissant timidement les yeux.

Aarch coupe le lecteur, le repose sur le bureau.

— Je n'en doute pas, Tia. Eh bien... Si tu ne veux pas m'en dire plus, va te préparer pour l'émission.

Elle acquiesce d'un signe de tête et sort sans un mot.

***

Meï a étalé cinq ou six tenues sur son lit, elle ne sait laquelle choisir et ça commence à l'énerver. Devant ce dilemme, elle appelle sa mère.

— Oh, maman… maman ! Je ne sais pas quoi me mettre et le direct est dans une heure, tu te rends compte ? On va passer sur Arcadia News, une chaîne diffusée dans *toute la Galaxie !*

Elle fait les cent pas devant l'écran, exaspérée.

— Ressaisis-toi, Meï ! Choisis-en une qui t'aille à merveille…

— Mais maman, elles me vont *toutes* à merveille !

— Moi, à ta place, je mettrais la bleue ! Elle ira très bien avec tes yeux.

Meï sursaute, lève la tête par-dessus l'écran : c'est Micro-Ice, à la porte de la chambre, en train de mater ses bottes roses et son jupon.

— Au cas où t'aurais pas remarqué, c'est la chambre des filles, ici !

— Si, j'avais remarqué. (Micro-Ice s'adosse au montant de la porte.) Mais tu peux me faire confiance, je t'assure…

— Désolée de te décevoir, mais… (Meï le

pousse dehors sans ménagement.) Non, je ne te fais pas confiance !

La porte claque devant son nez. Micro-Ice soupire.

— Bon, ben à mon avis, c'est vraiment pas gagné cette histoire...

Tandis qu'il s'éloigne tête basse dans le couloir, il croise Tia tout aussi renfermée, qui ne lui accorde même pas un regard. Elle entre dans la chambre des filles et va s'affaler sur son lit.

Toujours en train de se débattre avec ses tenues qui lui vont *toutes* à merveille, Meï remarque celle de Tia, plutôt banale et fonctionnelle : snookers aux pieds, large pantalon gris, T-shirt moulant et bombers rouge sans manches.

— Tia, le direct est dans moins d'une heure, je te signale ! Tu comptes quand même pas y aller comme ça ?

— Je compte pas y aller du tout.

— Ah bon ? s'étonne Meï. Tu ne veux pas passer à la télé ?

— Non, j'y tiens pas.

Meï hausse les sourcils, surprise : elle, passer à la télé, ça fait des années qu'elle en rêve !

— Pourquoi ?

— J'ai pas envie qu'on me voie, c'est tout ! répond Tia sèchement.

Elle se met à fouiller dans la table de chevet, coupant court à la conversation. Meï hausse les épaules, retourne à ses robes : oui, peut-être que la bleue, finalement, avec ses bottes roses, ça irait bien…

Tia sort du tiroir une photo 2D qu'elle se met à contempler avec tristesse, où elle se trouve en compagnie d'un couple. Si la femme a la même couleur de cheveux que sur l'holocarte reçue par Aarch, sa coupe est différente et son visage est plus rond. L'homme, lui, n'est pas du tout ressemblant : autant l'autre avait l'air d'un bureaucrate fluet au teint pâle et à lunettes, autant celui-ci est costaud, large d'épaules, un visage carré et volontaire – et il a des cheveux argentés.

Ses parents. Ses *vrais* parents.

Qui ignorent qu'elle est ici.

Comment réagiront-ils, le jour où ils l'apprendront ? C'est pourquoi elle ne veut surtout pas passer à la télé…

N'empêche, elle les regrette, maintenant qu'elle a fugué et qu'elle ne compte pas revenir. Allongée sur son lit un peu dur, dans le décor minimaliste et le confort spartiate de cette pièce qui sent encore trop le brut de décoffrage, elle regrette aussi le luxe de sa résidence sur Obia… et surtout l'amour maternel de sa gouvernante – celle qui l'a vraiment élevée, la seule à connaître son talent et à la comprendre… au point de l'avoir aidée à fuir.

8. Un passeur inattendu

« Arcadia News ! Des nouvelles en provenance de toute la Galaxie ! » annonce une voix féminine sur une musique enjouée, tandis que défile le logo de l'émission.

— De toute la Galaxie en effet, renchérit Nork Ag'net, le présentateur vedette de la TTV. Et plus particulièrement de la petite planète Akillian. Décidément, il s'en passe des choses sur Akillian en ce moment ! Ce n'est pas vous qui allez me contredire, n'est-ce pas, Callie ?

Dans l'écran holo géant à côté de Nork

Ag'net apparaît une vue aérienne de l'ancienne capitale prise dans les glaces, tel un énorme iceberg anguleux échoué au bord des Plateaux Venteux. Seul élément mobile dans ce décor figé, le drapeau d'Akillian flotte toujours au sommet de la tour Soustra, le plus haut bâtiment de la ville en ruine. Zoom et plongée parmi les falaises de glace et les murailles givrées, jusqu'à Callie Mystie qui se tient devant l'une des passerelles menant à l'Arena Stadium, lequel évoque un immense paquebot gelé dans sa gangue bleutée.

— Non, effectivement, Nork ! Car je vous parle en direct d'un endroit que certains considèrent comme maudit depuis la Catastrophe qui a conduit à la glaciation... Il s'agit de l'Arena Stadium ! Comme vous pouvez le constater, extérieurement, rien n'a changé depuis toutes ces années, mais ce qui nous intéresse ici, c'est que ce lieu de sinistre mémoire vient tout récemment d'être réinvesti par un homme – et pas n'importe lequel : Aarch, l'ex-attaquant vedette de l'équipe d'Akillian !

Tout en débitant son speech, Callie franchit la passerelle et pénètre à l'intérieur du stade, théâtre d'une activité frénétique menée par les

Ferrailles de Clamp qui fondent la glace, pompent l'eau, consolident les superstructures, remontent les parois écroulées, réparent les circuits défaillants.

— Si le terrain est devenu inutilisable, poursuit Callie en traversant le chantier, ce n'est pas le cas des installations souterraines et des couloirs du stade qui, miraculeusement, ont été épargnés par la progression des glaces et dont la rénovation a été confiée à une petite armée de robots qui travaillent d'arrache-pied. Aarch a accepté de répondre à toutes les questions qui nous brûlent les lèvres…

Dans l'atelier-bureau de son père, Rocket, assis devant l'écran, est en train de préparer sans enthousiasme une gerbe de roses – les fameuses roses pourpres de Norata – tout en suivant l'émission d'un œil morne. Il repose son sécateur, dégoûté.

— Par exemple, comment espère-t-il, selon ses propres termes, « écrire une nouvelle page de l'histoire de ce sport sur notre belle planète » avec l'équipe de débutants qu'il vient de recruter ? Il y répondra, je l'espère, avec sa franchise légendaire…

Callie vient d'entrer dans une pièce garnie

de canapés confortables, où l'attendent Aarch et son équipe – seule Tia est absente. Micro-Ice adresse un signe de la main à l'holocam.

— Nous ferons également plus ample connaissance avec ses élèves, les chanceux sélectionnés pour relever cet incroyable défi. Mais s'agit-il uniquement de chance, ou est-ce…

La télé est brusquement coupée. Surpris, Rocket se retourne d'un sursaut : son père est là, télécommande en main.

— Papa ! Pourquoi t'as éteint ?

— Tu sais parfaitement que je ne reviendrai pas sur ma décision. Alors pourquoi tu te fais du mal à regarder ça ?

Rocket se lève, en colère.

— C'est pas moi qui me fais du mal. C'est toi !

Il quitte la pièce, bouillant de rage. S'il avait pu claquer la porte, il l'aurait fait, mais malheureusement celle-ci est coulissante.

Norata reste seul dans son bureau, devant l'écran éteint et les roses coupées, tandis que les souvenirs affluent dans sa mémoire…

Il y a quinze ans. Ce fameux coup franc qui allait décider du sort du match, probablement la victoire d'Akillian sur les Shadows – sa première victoire. Aarch, en pleine possession de ses moyens, tout illuminé du Souffle d'Akillian. Un coup d'œil à Norata qui lui sourit, hoche la tête : *Vas-y frangin, fais-nous gagner !* Aarch prend quelques pas de recul, s'élance... Un tir lobé, magnifique, contournant le mur de la défense shadow. Le ballon fuse vers les buts... Et l'incroyable, l'inconcevable se produit : la balle explose dans la main du gardien shadow. Et puis... l'ouragan. Le terrain qui tremble, le vent hurlant qui tourbillonne entre les gradins, cette cataracte de neige et de glace vomie par un ciel d'encre. Le stade qui craque de toutes parts... Les cris, la panique. La fuite éperdue. Norata cherche à rattraper son frère, plus grand que lui, aux foulées plus longues. Il glisse sur le sol couvert de grêlons... Une mauvaise chute. Une douleur fulgurante dans la jambe. Impossible de se relever. Et ses membres, cette jambe brisée qui gèle... Norata, seul au sein des éléments déchaînés, au milieu de ce stade qui croule sous l'ouragan, cinglé par les rafales de neige, lapidé par la grêle furieuse. Seul.

Seul, Norata l'est resté, seul et oublié sur Akillian, tandis que son glorieux frère poursuivait ailleurs, sur ses deux jambes, une carrière prestigieuse…

Norata s'ébroue, s'assoit à son bureau, rallume la télé, reprend le travail abandonné par son fils. Les souvenirs, c'est parfois bien pire que les cauchemars…

***

Assise au bord d'un canapé, Callie interviewe Aarch, qui paraît très détendu :

— La rumeur prétend que vous avez fait une demande pour que votre équipe soit homologuée afin de participer à la prochaine Galactik Football Cup ?

— Ce n'est pas une rumeur, sourit l'entraîneur. C'est la vérité !

— N'est-ce pas un peu… précipité ?

— Ça, je laisse à la Ligue le soin d'en décider.

— Croyez-vous vraiment pouvoir monter une équipe digne de ce nom en si peu de temps ?

— Pourquoi pas ? Grâce aux machines de mon ami Clamp, elle s'entraîne à fond, vous savez…

— Et les Tigres Rouges dans tout ça ? C'est quand même le club officiel d'Akillian !

— En cas d'homologation de mon équipe, je propose un match pour déterminer qui représentera Akillian à la Cup.

— Intéressant !... Qu'en pense votre ancien ami et coéquipier ? Je veux parler bien entendu d'Artegor Nexus, l'entraîneur des Tigres Rouges.

— Artegor, qui aime tant les victoires, ne laissera pas passer cette occasion d'affronter un club plus... faible que le sien ! ironise Aarch.

— Aaarrrgh ! rugit Artegor Nexus, ulcéré par ce qu'il vient de voir et d'entendre.

Fulminant, il s'empare de la première chose qui lui tombe sous la main – une statuette en bronze doré représentant un ballon, seul trophée jamais remporté par Akillian lors d'un match amical contre les Cyclopes – et la jette violemment sur l'écran. Elle rebondit sur la surface souple, percute une colonne de verre qu'elle brise en deux.

— C'est curieux, relève Addim, la présidente de la Fédération. On dirait que tu as peur de te mesurer à Aarch !

Artegor pivote d'un bloc, frappe des deux mains sur son bureau.

— Que veux-tu insinuer, Addim ?

— Qu'est-ce qui te fait peur, au juste ? Tu as beaucoup plus de moyens que lui et tes joueurs s'entraînent depuis plus longtemps…

Artegor fait un violent effort pour contenir la colère qui bout dans ses veines – et qui s'échappe en filaments obscurs autour de lui : le Smog shadow… Il a passé trop de temps sur Obscurantis.

— Je ne crains rien ni personne ! (Il se redresse, soupire, revient à son arrogance habituelle.) Surtout pas Aarch. Je suis un meilleur entraîneur que lui. Et j'ai toujours été bien plus fort sur le terrain !

***

La nuit venue, Rocket se glisse subrepticement dans la cour par une fenêtre du chalet paternel. Après s'être assuré que personne ne l'a vu, il court vers son jet-snow qu'il a garé dehors, pour une fois, au lieu de le rentrer au garage. Bien inspiré ! Il démarre en douceur – ne pas réveiller son père, surtout ! –, rejoint la rue et met la gomme, direction Arcadia et l'Arena Stadium…

Il abandonne le jet-snow devant la passerelle d'accès, sur laquelle il s'engage prudemment. Rien ni personne ne l'arrête… Il pénètre à l'intérieur du stade, où règne toujours une activité frénétique : les Ferrailles n'ont nul besoin de repos, ne connaissent ni trêve ni répit. Un peu désorienté au sein du chantier, Rocket essaye de se rappeler l'itinéraire qu'a suivi Callie Mystie lors de son reportage. Elle a traversé ce hall, emprunté ce couloir… Un Ferraille se dresse soudain devant lui, clignotant de son œil électronique. Aïe ! Va-t-il le jeter dehors ? Le dénoncer à Clamp ?

— Nous a-vons ter-mi-né la réno-va-tion du Sec-teur-12, mon-sieur. Dési-rez-vous ins-pecter le chan-tier ?

Rocket lâche un soupir de soulagement.

— Euh… Ça va, je vous fais confiance. Bon boulot. Continuez, les gars !

— Mer-ci mon-sieur. Doit-on dé-mar-rer le Sec-teur 13 ?

— Oui, c'est ça, attaquez le Secteur 13.

Le Ferraille s'écarte et Rocket poursuit son chemin, se retenant de rire. Quelle chance que ces robots ne soient pas très malins ! Il s'enfonce dans les sous-sols, nettement plus en ordre et silencieux ; erre un moment dans les couloirs, n'osant ouvrir des portes au hasard, de crainte de tomber sur le dortoir de l'équipe ou – pire – sur son oncle…

Une grande porte ronde attire son attention, sur laquelle un écriteau annonce HOLO-TRAINING. « C'est là ! » jubile Rocket. Tremblant d'appréhension, il presse la commande d'ouverture. Il s'attend à déclencher des alarmes, ou du moins à ce que la porte reste close…

Elle glisse en silence.

Le cœur battant la chamade, Rocket pénètre dans une grande salle circulaire dont le plafond s'illumine à son entrée. Quatre escaliers mènent à une rotonde située en contrebas, au centre de laquelle trône le grand cube blanc qu'il a déjà vu lors des tests, dans lequel Tia s'est illustrée de si étrange manière. Tia… cette jolie petite Obiane… qui fait sans doute partie de l'équipe d'Aarch maintenant. Elle y tenait tant, et vu son talent… Elle est sûrement là, quelque part, tout près… Son cœur se serre à cette pensée.

Or, ce n'est pas pour Tia que Rocket est venu. Faisant le tour de la galerie ceinturant la fosse, il parvient devant les pupitres supportant les consoles et panneaux de contrôle. Il tripote ses dreadlocks, perplexe : il ne connaît rien à l'informatique, où trouver la commande d'ouverture de l'holo-trainer là-dedans ? Comment le mettre en route ? D'après ce qu'il a cru comprendre, tout est virtuel à l'intérieur : si aucun programme n'est lancé, il n'entrera que dans une grande boîte vide, sans intérêt…

Une console se trouve à l'écart des autres, posée sur une sorte de lutrin. Il se penche sur son écran tactile, prenant bien garde de ne rien toucher. Parmi des cadrans, tableaux et symboles ésotériques, scintille en vert une zone marquée REJOUER.

Se pourrait-il que ce soit aussi simple ? Rocket avance son index, hésite encore… Bah, après tout, il est venu pour ça. Si ça ne marche pas, tant pis, il ne va rien casser de toute façon…

Son doigt appuie sur la zone scintillante.

Elle génère un menu déroulant qui affiche la liste des derniers programmes lancés dans l'holo-trainer : passes, dribbles, tirs cadrés, conduite de balle, arrêts, coups spéciaux, etc. Un curseur permet de sélectionner l'un ou l'autre. Jusqu'ici, ça paraît simple… Rocket choisit « passes », le premier de la liste. Puis touche de nouveau la zone REJOUER.

La porte de l'holo-trainer coulisse devant lui. Frissonnant, il pénètre à l'intérieur… La porte se referme, le sol blanc se transforme en terrain de foot, les parois noires s'effacent au profit d'un ciel artificiel. Un ballon surgit au pied de Rocket. Des cibles mouvantes, figurées par des cercles concentriques, se mettent à dériver çà et là. Il comprend vite ce qu'il doit faire : atteindre chacune de ces cibles, censées figurer des joueurs en déplacement. Guère plus difficile que ses repères gravés dans la glace, là-bas dans sa grotte secrète…

Rocket se concentre, recule de quelques pas… tire. La balle s'enfonce dans la première cible, qui clignote en vert et dont les cercles s'écartent les uns des autres, mesurant ainsi la force de frappe. Un nouveau ballon se matérialise devant ses pieds. Il vise une autre cible et recommence… une fois, deux fois, trois fois… dix fois. À chaque reprise, la cible bouge plus vite, est plus difficile à atteindre. Mais

Rocket est hyper concentré, il n'en rate pas une. À la onzième cible apparaissent des sims bleus qui tentent de faire obstacle, de l'empêcher de viser ou de shooter. Il les dribble assez facilement, ruse, essaye de nouveaux tirs : vrillé, lobé, en chandelle, à un ou deux rebonds… Toujours, la balle atteint sa cible. Exalté, Rocket ne voit pas le temps passer… jusqu'à ce qu'une icône lumineuse surgisse dans l'air au milieu du terrain, annonçant FIN DU PROGRAMME. Dessous apparaît la mention « Total points : 160 ». Il ignore à quoi correspondent ces points, si c'est correct, suffisant ou pas assez…

Tout s'efface dans l'holo-trainer, le sol s'éclaire en blanc, les parois s'assombrissent, la porte s'ouvre. Rocket sort, retourne à la console. Il se sent en forme, excité même, il serait bien tenté de lancer un autre programme. Mais quelqu'un pourrait venir à tout moment… Après un dernier coup d'œil, déjà empreint de regrets, à cet appareil magnifique, il sort dans le couloir et repart par où il est venu… Cette fois, aucun Ferraille ne l'arrête.

***

Plus tard cette même nuit, l'Arena Stadium reçoit une autre visite : c'est le plus jeune des hommes de main du bookmaker Bellow, arrivé lui aussi en jet-snow. Il étudie avec suspicion les traces fraîches laissées par celui de Rocket, inspecte les alentours à l'aide de jumelles infrarouges… Concluant qu'aucun garde n'est posté aux environs, il emprunte la passerelle d'un pas circonspect, portant une petite sacoche en bandoulière.

Sitôt à l'intérieur, il est assailli par un des Ferrailles du chantier. Il dégaine son pistolet, prêt à faire feu (et à compromettre sa mission du même coup), mais le robot s'adresse à lui avec déférence :

— Mon-sieur, nous ren-con-trons un problème struc-tu-rel au Sec-teur 13. Pou-vez-vous ve-nir voir ?

— Va te faire foutre, sale mécanique, grogne le sbire entre ses dents serrées.

Il jette autour de lui des regards inquiets, mais ne repère aucun humain au sein du chantier vivement éclairé, où les Ferrailles s'activent avec diligence et (plus ou moins) efficacité.

— Je ne com-prends pas cet-te ré-ponse,

réplique le Ferraille, ses diodes clignotant avec perplexité. Dois-je a-ver-tir le pro-fes-seur Clamp ?

— Surtout pas ! Euh... Attends qu'il se réveille. Oui, c'est ça : quand il sera réveillé et viendra inspecter le chantier, tu lui exposeras ton problème.

— Bien, mon-sieur.

Sur ces mots, le robot se met en stand-by et s'affaisse sur ses pseudopodes. « Quelles crétines, ces machines », sourit le truand. Il sort un plan de sa sacoche et reprend sa progression prudente à travers le chantier, où les autres Ferrailles ne lui prêtent aucune attention.

Il parvient dans la partie rénovée des sous-sols, longe les couloirs silencieux, plongés dans la pénombre, braquant une micro-torche sur chaque inscription qu'il distingue. Enfin il trouve la porte qu'il cherchait : grande, ronde, marquée HOLO-TRAINING. Avec la même appréhension que Rocket quelque temps auparavant, il presse la commande d'ouverture, sort de nouveau son pistolet qu'il braque dans le couloir, s'attendant à voir surgir des gardes, des droïdes, il ne sait quoi.

La porte coulisse normalement, rien ni personne ne se montre, aucune alarme ne stridule. « Trop facile », jubile le sbire. Il demeure un instant sur le seuil pour inspecter la salle du regard. Cette console, là-bas, toute seule sur son lutrin… C'est certainement le poste de commande principal. Il s'en approche, s'agenouille devant, fouille dans sa sacoche, en sort un petit appareil plat muni d'une microantenne et d'une ventouse autogrip sur une face. Il le plaque sous la console, se redresse, recule, extrait du sac un récepteur guère plus gros qu'une carte de crédit, sur lequel il bascule un minuscule curseur en position « test » : cinq diodes s'allument et clignotent en vert, l'une après l'autre. Le malfrat hoche la tête, satisfait.

Il éteint le récepteur, le remet dans sa sacoche et reprend le chemin en sens inverse. Il croise le même robot, près de la sortie, toujours en stand-by. Un autre Ferraille essaye vainement de lui communiquer des informations, l'arrosant de rayons laser de diverses couleurs.

Dès qu'il a rejoint son jet-snow, l'homme de Bellow passe un appel :

— Monsieur Nexus, c'est Jorg. Mission accomplie.

Il grimpe sur son engin, démarre et s'enfonce dans la nuit bleue d'Akillian.

***

Clamp ne dort jamais beaucoup. En bon scientifique, il rumine en permanence mille problèmes dans sa tête, a sans cesse des idées à creuser, des programmes à améliorer, des pistes de recherche à explorer. Réveillé avant tout le monde, il est toujours le premier dans la salle de l'holo-trainer, non pour s'entraîner – Clamp est à peu près aussi habile avec un ballon qu'un alpiniste avec des palmes – mais pour perfectionner son invention, corriger tel ou tel défaut, tester de nouvelles séances d'entraînement…

C'est ainsi qu'il découvre sa console bloquée sur REJOUER et sur la sélection du programme « passes ». Il titille sa barbiche, intrigué : il ne l'avait pas laissée comme ça hier soir… et la dernière séance a été la conduite de balle, non les passes ! Il s'en souvient très bien, Micro-Ice a fait rire tout le monde en étant éjecté du tapis roulant comme un sac à patates.

Il demande à sa console de revoir « passes » en monitoring. Ce qu'il découvre alors dans la fenêtre de visualisation le laisse pantois… Il décide d'appeler Aarch aussitôt – tant pis s'il le réveille.

Celui-ci débarque dix minutes plus tard, déjà engoncé dans ses hauts-de-chausses et sa veste trois quarts à passements, mais décoiffé, encore tout ensommeillé.

— Si c'est pour me montrer une de tes inventions que tu m'as réveillé, Clamp, je te préviens que je vais le prendre très mal !

— Pas du tout, Aarch. Regarde un peu ça.

Il rejoue la séquence en mode plein écran. Aarch ouvre de grands yeux, réveillé tout à coup.

— Rocket ?

— Oui, ton neveu. Mais regarde bien…

Rocket qui vise, tire, atteint la cible. Vise, tire, atteint la cible. Tir retourné – cible enfoncée. Dribble un sim, tire en vrille – cible atteinte. Tête, pied, rebond, shoot – cible percutée, derrière un sim. Etc., etc. « 160 points », affiche la console.

— Il a fait un sans-faute, Aarch ! C'est la première fois que je vois un tel passeur. Impressionnant !

Aarch hoche la tête, dubitatif.

— Impressionnant, oui, comme tu dis. Malheureusement, c'est le fils de mon frère. Et tu sais ce qu'en pense Norata…

9. Tractations

À six heures pile, le réveil de Micro-Ice se met à crier : « Debout Micro-Ice ! C'est l'heure ! » sur l'air de *Tes traces dans la neige*, le dernier tube de Freeze, numéro 1 au Top 10 d'Akillian.

— Grmph ! grommelle le garçon en rabattant la couette sur sa tête. C'est pas vrai, pas déjà ! Dites-moi que c'est un cauchemar !

Dans le lit en face de lui, D'jok se redresse et s'étire en bâillant.

— T'as mal dormi ? Moi j'ai roupillé comme un Ahito.

— J'ai remarqué, figure-toi. (Micro-Ice émerge de sous la couette, donne une claque au réveil qui s'éteint.) T'as pas eu à supporter un malade qui a répété toute la nuit qu'il deviendrait le plus grand joueur de toute la Galaxie !

— C'est de moi que tu causes ? J'ai parlé dans mon sommeil ?

Micro-Ice s'étire à son tour. D'jok est déjà levé.

— Si t'avais fait que parler ! Là, j'ai eu l'impression que t'avais gagné la Galactik Football Cup à toi tout seul. En une seule nuit !

— Et pourquoi pas ? lance D'jok en attrapant une serviette dans son casier pour se rendre à la douche.

— Pourquoi pas quoi ?

— Pourquoi on la gagnerait pas, la Coupe ?

— Mais oui, bien sûr, y a qu'à ! (Micro-Ice hausse les épaules.) Arrête de rêver, D'jok... On est réveillés maintenant, tu sais ?

— Bonjour à tous, retentit la voix d'Aarch dans un haut-parleur intégré au plafond. Vous avez exactement une demi-heure pour vous préparer et rejoindre l'holo-trainer. Sois heureux, Micro-Ice : vous allez enfin disputer un match !

Une demi-heure plus tard (Aarch ne tolère

pas les retards, ni l'indiscipline en général), tous se retrouvent dans l'holo-trainer, séparés en deux groupes : d'un côté, en jaune, Tia, D'jok, Micro-Ice et Ahito dans les buts ; de l'autre, en mauve, Meï, Thran et Sined, le gardien étant figuré par un sim. D'jok et Sined se défient du regard.

— C'est parti ! lance Clamp, en appuyant sur une touche.

Le ballon fuse du trou central, monte en chandelle entre D'jok et Sined, attaquants de chaque équipe. Aussitôt, c'est la bagarre entre les deux rivaux pour le récupérer. D'jok l'emporte d'une courte tête, passe à Micro-Ice mais Thran intercepte la balle de la poitrine. Il passe à Meï, aussitôt taclée par Tia qui repasse à D'jok. Celui-ci fonce vers les buts, trouve Sined sur son chemin qui le colle comme une sangsue. Pas d'autre solution que se débarrasser de la balle, qu'il renvoie à Micro-Ice. Thran vient aussitôt le marquer, mais Micro-Ice parvient à le dribbler en jonglant avec le ballon, pied-tête-poitrine, si vite que Thran n'arrive plus à suivre… Volte-face finale et hop, Micro-Ice s'est démarqué de Thran, fonce à son tour vers les buts, dans lesquels le sim oscille d'un pied sur l'autre, ses yeux sans lumière suivant exactement la trajectoire de la balle. Sined se rue à la poursuite de Micro-Ice… jette son pied en avant, qui le frappe au mollet, l'envoie culbuter sur la fausse pelouse.

— Alors, on tient pas debout, Micro-Puce ? le nargue Sined.

Micro-Ice s'attrape la jambe en grimaçant de douleur – ce coup-là n'avait rien de virtuel ! Tia vient à son secours, l'aide à se relever.

— Faute ! crie Aarch, qui a revu la séquence au ralenti dans la console.

— J'l'aurai, c't'enfoiré, grommelle Micro-Ice.

Appuyé sur Tia, il pose un regard haineux sur Sined qui rejoint son équipe, la tête haute et l'œil narquois.

C'est D'jok qui va tirer le coup franc. Les trois mauves font le mur devant les buts. Meï lance un regard à Sined, dont on ne saurait dire s'il est de reproche ou d'admiration. D'jok prend quelques pas d'élan… court et tire à pleine puissance. La balle frôle la tête de Sined – qui s'écarte *in extremis* –, rebondit sur la barre supérieure des buts et se perd dans les limbes.

— Quelle force ! s'exclame Clamp devant sa console. 120 km/h, tu te rends compte ?

— J'aurais préféré qu'il tire moins fort mais que sa frappe soit cadrée ! reproche Aarch, devant le moniteur général.

Le match se poursuit, avec plus ou moins de bonheur et un certain nombre d'erreurs : passes ratées, dribbles avortés, corners, joueurs qui s'entrechoquent pour récupérer la balle… duel un peu stérile entre D'jok et Sined, à qui frappera le plus fort, le plus loin, marquera le premier un but, au détriment d'un jeu d'équipe moins spectaculaire mais plus construit.

— Tu sais ce qui va nous manquer, Aarch ? dit Clamp avec un sourire en coin.

— Du temps, répond Aarch qui, lui, ne sourit pas du tout. Beaucoup de temps !

— Peut-être, oui… Mais on en gagnerait pas mal si on recrutait un bon passeur… si tu vois ce que je veux dire !

Ayant réussi à faucher la balle à Sined, D'jok parvient devant les buts des mauves, mais est bloqué par Meï et Thran qui l'encerclent et ne lui laissent aucune issue. N'ayant personne à portée de pied, D'jok est contraint de tirer en l'air, au jugé… Soudain une sorte de fusée vole au-dessus de lui, arrête le ballon en plein ciel dans un flamboiement d'ondes mouvantes, se retourne sur le dos et balance son pied à la volée – la balle fuse vers les buts tel un missile, percute le pauvre sim bleu et le pulvérise au fond des filets.

— Waaaouh ! Ça c'est du but ! s'écrie D'jok estomaqué.

Comme à son habitude, Tia n'en tire aucune fierté personnelle. À peine a-t-elle atterri qu'elle se relève et regagne sa place, comme si de rien n'était.

— La petite Tia semble s'être parfaitement adaptée à mon holo-trainer ! se réjouit Clamp. Je te l'avais bien dit, Aarch : avec tes idées et mes machines, on va y arriver, tu verras !

À quelques kilomètres de là, dans son bureau installé dans l'immeuble luxueux de la Confédération, Artegor Nexus observe sur sa propre console le but de Tia magnifié par le Souffle. Derrière l'écran est fixé un petit appareil, pas plus gros qu'une carte de crédit, dont les diodes vertes clignotent avec frénésie : la réception est parfaite.

Brancher un accès pirate sur le matériel de Clamp s'est avéré trop facile : Jorg n'a pas eu besoin de pénétrer par effraction, ni de soudoyer quiconque. On entre dans l'Arena Stadium plus facilement que dans un astroport... Si Aarch et ses amis continuent d'être aussi naïfs, songe Artegor, les Tigres Rouges n'auront guère d'efforts à fournir pour les écraser, même avec cette gamine qui possède le Souffle : du moment que l'on a bien étudié la tactique de l'adversaire et que l'on connaît tous ses coups secrets...

Artegor met sa console en pause et ouvre un canal transpace pour un appel interstellaire : il doit envoyer son rapport à l'Honorable Galahaas, grand maître du Conseil de l'Ombre Shadow.

***

La Ligue Interplanétaire de Galactik Football a installé son siège sur la planète Oeno, un monde cosmopolite principalement constitué d'archipels disséminés sur un vaste océan rose. Cette couleur bizarre de l'eau, alliée à une brume légère mais permanente, teinte de mauve le ciel d'Oeno qui, éclairée par deux étoiles en rotation synchrone, offre les couchers de soleil les plus somptueux de toute la Galaxie. Baignant dans un climat d'une douceur à peu près égale d'un pôle à l'autre, Oeno est le paradis des marinas, des sports nautiques et des palaces flottants. Le siège de la Ligue, sis au bord d'un lagon aux eaux délicatement nacrées, est une construction baroque censée figurer deux joueurs stylisés, dressés pour récupérer une balle d'envoi. Mais, hormis la sphère qui trône à son sommet, rien ne permet d'y distinguer un tel symbole : l'immeuble est plutôt un imbroglio de colonnes, piliers, contreforts et arcs-boutants… L'architecte, un Cyclope, n'avait apparemment qu'une vague idée de l'anatomie humanoïde.

Massimo Spoto, délégué humain à la Ligue et vice-président de la Commission d'Homologation, se présente à l'hôtesse d'accueil dans le vaste hall qui fait office d'entrée, une espèce de cathédrale tout en verre et poutrelles d'acier qui s'élève à une hauteur vertigineuse, et dont on se demande, au vu de ses angles et surplombs incroyables, comment elle tient debout.

— La réunion de la Commission a bien lieu au quinzième étage ?

— Oui, monsieur, c'est cela, répond l'hôtesse. Vous avez votre accréditation ?... (Spoto lui montre la petite holocarte.) C'est parfait, monsieur. Les ascenseurs se trouvent au fond du hall.

— Je sais, merci.

En se dirigeant vers les ascenseurs, Spoto remarque un homme assis dans un fauteuil, absorbé dans la lecture d'un téléjournal. Il le reconnaît : ce nez aquilin, ces lèvres épaisses, ces traits de bellâtre, cette mèche rebelle sur une chevelure lisse et brillante... Le général Bleylok, ici ? Le jour du vote de la Commission ? Mauvais signe...

Bleylok est l'un des dirigeants de la Technoïd, le chef de ce qu'on a coutume de nommer le Cartel, ce carré de gradés revanchards, nostalgiques de l'époque où la Technoïd était la principale force militaire de la Galaxie, où elle aurait pu rendre les Humains maîtres absolus des deux Fluides les plus puissants : le Smog des Shadows et la Vague Ionique des Lightnings... Pourtant, lorsque la Guerre des Ombres a éclaté, Bleylok était à peine né. Spoto soupçonne le général de nourrir en son cœur fielleux bien pire qu'un esprit de revanche : une ambition démesurée, une soif de pouvoir inextinguible. Enfin, tout cela ne concerne guère le vice-président de la Commission d'Homologation… sauf que Bleylok – donc la Technoïd, ou tout au moins le Cartel – s'est pris d'une soudaine passion pour la nouvelle équipe d'Akillian entraînée par Aarch, l'ancien attaquant vedette de la planète. Une passion que Spoto ne s'explique pas, car cette équipe n'a pas encore fait ses preuves et démontré la moindre capacité à se mesurer aux stars actuelles du GF…

Bleylok rejoint Spoto dans l'ascenseur, effleure le bouton du dixième étage. En homme franc du collier, Spoto décide de l'attaquer de front :

— Il y a une chose que je ne comprends pas, Bleylok. Pourquoi la Technoïd veut-elle absolument que l'équipe d'Aarch soit homologuée ?

— Je ne suis pas la Technoïd, répond froidement Bleylok.

— Ah, autant pour moi. Alors pourquoi vous, Bleylok, général du Cartel, tenez-vous tant à ce que cette équipe soit homologuée ?

— Ce ne sont pas vos affaires.

— Pourtant il s'agit de mon vote !

— C'est ici que je descends, élude le général.

Les portes de l'ascenseur s'ouvrent au dixième étage. Avant de sortir, Bleylok tend à Spoto une petite mallette, puis s'éclipse avec un sourire et un petit signe de tête.

— Mais, attendez…

Trop tard : les portes se sont refermées, la cabine a repris son ascension. Intrigué, Spoto ouvre la mallette…

Des crédits. Des *milliers* de crédits.

Parce qu'il est vice-président de la Commission d'Homologation, la voix de Spoto compte pour deux…

***

Profitant du fait que la soirée est « quartier libre », Micro-Ice est retourné voir sa mère à la Cafétéria. Il avait envie d'un bon chocolat et d'une part de tarte, histoire de le changer de la nourriture vitaminée « spéciale sport » étudiée scientifiquement par Clamp et préparée telle une formule chimique par un Ferraille, donc forcément insipide. En fait, il avait surtout envie de se plaindre et de se faire un peu dorloter.

— J'ai jamais autant bossé de toute ma vie ! geint-il, avachi sur le comptoir. C'est sûrement pire que la mine. Je suis plein de courbatures, j'ai mal partout, même aux cheveux !

— Je t'ai vu à la télé, sourit Gaïl en lui caressant le menton. Tu étais très bien !

Micro-Ice se redresse, sourit à son tour.

— C'est vrai ? J'avais pas l'air trop crispé, m'man ?

— Crispé, toi ? Les seuls moments où tu as l'air crispé, c'est quand tu es malade. (Elle lui sert une grande tasse de chocolat fumant pour accompagner sa part de tarte.) Et D'jok et les autres ? Ils ne sont pas descendus avec toi ?

— Ils sont restés là-haut pour regarder un match à la télé. (Micro-Ice soupire, mord dans sa tarte, avale une gorgée de chocolat.) Comment ils font pour se taper encore du foot ? Moi, ça me dépasse. Si je vois un ballon de plus, parole, je le pulvérise !

— Mon pauvre chéri, des ballons, tu risques d'en voir encore pendant un moment !

— Pourquoi tu dis ça, m'man ?

Gaïl lui sourit de nouveau, masquant mal sa fierté.

— Je viens d'entendre à la télé que ton équipe a été officiellement reconnue par la Ligue...

C'est ce qu'apprennent également D'jok, Thran et Ahito (enfin : s'il ne dormait pas) devant l'écran mural de la « salle de détente », dans les tréfonds de l'Arena Stadium. En direct du siège de la Ligue sur Oeno, l'infatigable Callie Mystie précise :

— Reste maintenant à la Fédération à organiser un match entre l'équipe des Tigres Rouges et celle d'Aarch, afin de déterminer laquelle des deux aura l'honneur de porter haut les couleurs d'Akillian durant les phases qualificatives de la prochaine Galactik Football Cup...

— Ouaiaiaiais ! s'écrie D'jok, levant les bras au ciel. Je vous l'dis, moi, on va la gagner cette coupe ! J'le sens bien, ouais !

— T'as raison, D'jok ! renchérit Thran. On est trop forts !

Tous deux se tapent dans les mains par-dessus la tête d'Ahito qui, du coup, se réveille.

— Ouais, super ! Vas-y, Warren ! s'écrie-t-il à son tour.

— Hé, frangin, le match est fini...

Thran lui annonce la nouvelle et tous trois se tombent dans les bras, se congratulent, se tapent sur l'épaule, sautillent sur place en poussant des cris de victoire. À l'entrée de la salle, Aarch et Clamp observent ce joyeux débordement.

— Au moins, ils sont motivés, c'est déjà ça..., soupire Aarch.

Clamp pose sur l'épaule de son ami une main compatissante.

— Il nous reste encore quelques jours pour nous entraîner au maximum... Plus le match amical contre les Wambas. On devrait y arriver, Aarch !

— Pas sans un passeur digne de ce nom. (Il se frappe du poing dans la paume.) Il faut que j'y retourne. Que j'arrive à le convaincre, bon sang !

***

Norata est brusquement réveillé par un bruit. Il se dresse dans son lit, cœur battant, et tend l'oreille... Oui, c'est un grincement qu'il reconnaît : celui de la porte d'entrée, dont les glissières ont commencé à rouiller à cause de toute cette humidité que dégagent les plantes. Sacré nom ! S'il surprend Rocket en train de fuguer pour aller rejoindre cette bande de tarés à l'ancien stade…

Il saute à bas du lit, enfile une veste, se munit d'une puissante torche halogène, clopine aussi vite qu'il le peut jusqu'à l'entrée, sort dans la cour qu'il balaye du rayon de sa torche : le jet-snow n'a pas bougé… Mais là, à côté – des empreintes ! Un cambrioleur ?

Des pas, derrière lui, dans sa maison ! Il se retourne brusquement, braque sa torche sur un visage. Un visage qu'il connaît trop bien, même s'il s'est efforcé de l'oublier durant quinze ans…

— Tu te souviens de notre réaction quand papa nous a interdit de jouer au foot ? évoque Aarch. On avait voulu construire une fusée pour pouvoir s'enfuir sur une autre planète !

— Si j'avais écouté papa, j'aurais encore ma jambe aujourd'hui, rétorque Norata, qui abaisse néanmoins sa torche.

— Ou bien tu serais mort comme lui dans la Catastrophe ! En tout cas, on n'aurait jamais partagé tous ces moments qu'on a vécus ensemble… lorsque nous nous sommes lancés à la conquête du monde. Ton fils est très doué, Norata. Bien plus doué que nous ne l'étions à son âge. Il peut devenir un joueur de renommée galactique !

Norata fronce les sourcils, soupçonneux.

— Qu'est-ce qui te fait croire qu'il est doué ?

Aarch esquisse une moue : apparemment, son père n'est pas au courant de la visite de Rocket à l'Arena Stadium, ni de sa séance d'entraînement.

— Je le *sens*, c'est tout, élude-t-il. Question de gènes sans doute…

— Doué ou pas, il sera fleuriste sur Akillian, point barre ! Il n'y a pas de mal à ça, c'est un métier honorable !

— Mais c'est le foot sa passion, tu le sais très bien !

Norata braque de nouveau sa torche sur la figure de son frère.

— Tu es ici dans une propriété privée. Je vais te demander de partir, sinon j'appelle la police !

— O.K., j'ai compris. Je ne t'embêterai plus avec cette histoire de football. Tu as ma parole. (Aarch gagne la porte d'un pas lent, se retourne sur le seuil.) Adieu, Norata.

Celui-ci regarde Aarch partir dans la nuit, tête basse, le pas lourd. Il se souvient bien de cette histoire de fusée. Il avait huit ans, son frère dix. C'était Aarch qui avait dessiné les plans. Puis tous deux s'étaient rendus au Brico-Store d'Arcadia pour chercher du matériel. Le vendeur avait ouvert des yeux ronds, et leur avait ri au nez. « Construire une fusée ? Bien sûr, pas de problème. Mais ce n'est pas un magasin de jouets ici. On vend du matériel pour les grandes personnes... Vous n'avez même pas l'âge pour manipuler une perceuse laser. » Aarch avait compris alors que cette entreprise était vraiment hors de leur portée. Tous deux avaient été cruellement déçus... Mais ils étaient partis quand même. Plus tard.

Norata se précipite sur le perron.

— Aarch !

Son frère s'immobilise dans la neige de la cour, pivote lentement. Norata lève le pouce.

— *Un* essai. Je te laisse Rocket pour *un seul* essai : celui contre les Tigres Rouges. Si vous perdez ce match, Rocket revient directement ici, et je ne veux plus jamais entendre parler de toi. Jamais !

***

Pelotonné dans le lit de sa chambre d'hôtel, Wouwambou, capitaine de l'équipe Wamba, tousse, grelotte et claque des dents, l'œil glauque et le teint gris. Quelle idée il a eu de vouloir accompagner son entraîneur sur cette maudite planète gelée ! Alors qu'il était si bien chez lui, au cœur de la jungle, où la température avoisine les quarante degrés… Mais quand il a appris que la Fédération d'Akillian offrait le voyage pour deux personnes afin de négocier les conditions du match de l'équipe d'Aarch contre les Wambas, il a sauté sur l'occasion : les Wambas sont un peuple paisible mais pauvre, les footballeurs sont très mal payés par rapport aux standards galactiques (bien qu'ils gagnent largement de quoi vivre sur leur planète), et un voyage interplanétaire est généralement un rêve hors de prix…

Or Wouwambou a oublié que, sur Akillian, la température moyenne est de moins dix. Résultat, il s'est chopé une fièvre carabinée, il est malade comme un gnok des marais. Il attend le médecin, mais se demande comment il pourra le payer : une mauvaise grippe n'était pas prévue dans les frais… Et les honoraires d'un médecin sur Akillian, c'est un mois de salaire wamba ! Tant pis, il faut qu'il se soigne, sinon il va crever ici, et son équipe a besoin de lui…

On frappe à la porte de la chambre. Ah, le médecin, enfin !

— Entrez, parvient-il à articuler d'une voix rauque entre deux quintes de toux.

Ce n'est pas le médecin. À moins qu'Artegor Nexus ait changé de métier…

— Que… que voulez-vous ? Comment vous m'avez trouvé ?

— Mon cher, sourit Artegor, quand on est fan comme moi des Wambas, on ne recule devant rien pour rendre visite à leur illustre capitaine ! Mais… On dirait que vous souffrez d'une vilaine grippe, cher ami ?

— Oui, j'attends le docteur…

— Et vous n'avez pas de quoi le payer, j'imagine ? Je sais que les Wambas ne sont pas riches…

Wouwambou dévisage Artegor de ses yeux fiévreux, se demande où il veut en venir. L'entraîneur des Tigres Rouges sort une liasse de crédits de sa poche, la pose sur la table de chevet.

— Avec ça, vous aurez de quoi suivre un bon traitement.

— Mais que… pourquoi…

Wouwambou ne poursuit pas, saisi d'une nouvelle quinte. Artegor dépose sur la liasse un lecteur d'holocarte, regagne la porte de la chambre et déclare d'un ton glacé :

— Elle ne doit plus pouvoir jouer. Plus jamais. Suis-je assez clair ? Je compte sur vous, cher ami !

La porte claque sur Artegor Nexus. D'un doigt tremblant, Wouwambou active le lecteur. Dans le petit champ apparaît une jeune fille menue, aux cheveux argent, en train de shooter violemment dans un ballon. Il émane d'elle un halo d'éclairs bleutés.

10. Cruels souvenirs

« Nous rappelons que la tête de Sonny Blackbones, le chef des Pirates, est toujours mise à prix deux millions de crédits standards. Pour une Galaxie plus belle, aidez la Technoïd ! »

Après cet édifiant message qui montre de face et de profil la tête carrée de Sonny Blackbones, et qui clôt une page de publicité, le match reprend entre les Wambas et les Pirates. Ce match amical, « offert par la Technoïd » (malgré la participation des Pirates, ennemis de toujours du consortium), en est à sa deuxième mi-temps. Le score est toujours nul malgré l'évidente supériorité technique des Wambas. Or les Pirates semblent connaître à l'avance leur stratégie et leurs coups spéciaux, et frôlent la tricherie grâce à leur Fluide, le Grain de Shiloe, qui leur permet durant un bref instant de faire apparaître des leurres, doubles fantômes d'eux-mêmes qui déstabilisent les joueurs wambas… Ceux-ci ne sont pas en reste, compensant la « traîtrise » des Pirates par une rapidité et une agilité qui, à leur tour, désorientent leurs adversaires. Jouant sur leur propre terrain, le Jungle Stadium, ils usent à profusion de leur Fluide, l'Esprit d'Ibo, qui s'exprime de leurs corps sous la forme de flammèches dorées. De plus, ils semblent beaucoup s'amuser, ce qui n'est pas le cas des Pirates qui, malgré leurs ruses, ne sont pas à la fête.

« …une cabriole incroyable, presque un saut périlleux que vient d'effectuer Wouwambou ! s'écrie le speaker excité. Il a conservé le ballon malgré tout, ses pieds griffus lui donnent un avantage certain sur son adversaire – ou plutôt *ses* adversaires, on dirait qu'ils sont deux… Non, il n'a bien qu'un seul défenseur face à lui. Wouwambou effectue une passe très longue à

Lûn-Zaera qui n'attendait que cette occasion ! Elle se démarque aisément du défenseur pirate en culbutant par-dessus, le contrôle de son Fluide est remarquable, celui du ballon également ! Lûn-Zaera fonce vers les buts, rien ne peut l'arrêter, semble-t-il, mais voilà le n° 8 pirate – un remplaçant ? – qui tacle pour lui faucher la balle, trop tard, Lûn-Zaera s'est envolée balle au pied, elle exécute une sorte de pirouette, la revoilà au sol, il semble qu'elle a perdu le ballon... Mais non, le ballon est dans le filet, c'est le *buuut !* Le gardien pirate n'a rien vu venir et moi non plus je l'avoue, tellement cette action a été rapide ! 1-0 pour les Wambas !... »

Aarch coupe la télé et se tourne vers son équipe, étalée sur des banquettes dans la cabine-salon du *Tanaga*, son vaisseau personnel (toujours piloté par Clamp, le Ferraille qu'il destinait à ce rôle s'étant avéré totalement incompétent).

— Comme vous le savez, Lûn-Zaera est l'attaquante vedette de l'équipe des Wambas. Sa rapidité est légendaire, il faudra se méfier d'elle tout particulièrement... Qu'est-ce que j'ai dit, Thran ?

— Hein ? Euh…

Assis à côté de son frère qui somnole, Thran est penché sur un petit appareil qu'il a bricolé de bric et de broc à partir de divers composants récupérés sur le chantier de l'Arena Stadium.

— 67 centièmes de seconde, déclare-t-il, les yeux ronds. D'après ce que j'ai enregistré, Lûn-Zaera a marqué son but en 67 centièmes de seconde ! (Il lève la tête vers Aarch qui le scrute, bras croisés, sourcils froncés.) Vous avez dit qu'elle est très rapide, monsieur. Mon appareil le prouve !

— Hé bien, Thran, tu devras la contrer en moins de temps que ça !

Aarch montre à l'équipe un petit satellite mordoré qui orbite non loin de la grande et belle planète Wamba, dont les jungles émeraude apparaissent sous des moutonnements de nuages opalins.

— Vous pouvez apercevoir la lune Ibo par les hublots. C'est de son rayonnement que les Wambas tirent leur Fluide, l'Esprit d'Ibo. Il leur confère une agilité supérieure à la normale…

— Et nous, m'sieur ? le coupe D'jok. Pourquoi on n'a pas de Fluide ? Pourtant, le Souffle d'Akillian, c'en était bien un, non ?

— Ben oui, mais il a disparu à cause de la grande glaciation, explique Thran. La Catastrophe a provoqué un changement de l'axe orbital de notre planète, ce qui a bouleversé tout le champ magnétique, et le Souffle s'est volatilisé. C'est scientifiquement prouvé, pas vrai, monsieur ?

— C'est la théorie qui circule en effet, opine Aarch.

— Mais m'sieur, insiste D'jok, ce que Tia arrive à faire avec un ballon, c'est bien grâce au Souffle ?

— Oui, c'est exact…

Tia baisse les yeux, intimidée, comme si D'jok parlait d'une tare qu'elle aurait. Assis en face d'elle, Rocket lui sourit.

— Mais pourquoi elle est la seule à l'avoir ? interroge Thran. Surtout qu'elle vient d'Obia !

— Vous l'avez tous en chacun de vous, j'en suis persuadé, affirme Aarch. Mais il ne vous suffira pas de le réveiller comme Tia ; il vous faudra aussi apprendre à le canaliser, à l'apprivoiser. Ce sera sans doute le plus difficile…

— En attendant, intervient Micro-Ice, va falloir se débrouiller sans, c'est ça ? Marquer des buts en… combien t'as dit, Thran ? Des poussières de seconde en tout cas. Bah ! Pas de quoi s'inquiéter non plus, c'est qu'un match amical, pas vrai ?

Aarch vient se camper devant lui.

— Tu apprendras qu'il n'y a pas de *petits* matches, Micro-Ice. Toi et les autres, vous n'avez qu'une envie, c'est jouer dans cette équipe. Et moi, cette équipe, je veux qu'elle aille loin, très loin. Alors il faut absolument que vous jouiez pour *gagner* !

— Mais si t'as pas envie de gagner, Micro-Naze, raille Sined, on se passera très bien de toi !

Aarch pivote vers lui d'un bloc.

— On ne se passera de personne, Sined, et toi moins que tout autre ! Je te l'ai déjà dit, tu joues trop personnel, or le foot est un sport *collectif* ! Compris ?

Sined fronce les sourcils et fait la moue, mais s'abstient de répondre. Aarch reprend :

— J'ai hâte de vous voir en action sur le terrain. En attendant, reposez-vous, car vous aurez besoin de toutes vos forces !

Sur ces mots, il va rejoindre Clamp dans le poste de pilotage. Sined sort de sa poche son jeu de GF-Cards, s'installe à une table.

— Ça vous dit, une partie, les gars ? Qui a envie de se faire plumer ?

Thran, D'jok et Rocket vont chercher leurs propres cartes et rejoignent Sined autour de la table. Micro-Ice va s'asseoir près de Meï, qui l'ignore ostensiblement. Elle contemple d'un œil maussade la planète Wamba qui grandit dans les hublots. Paraît qu'il fait une chaleur infernale là-bas, que c'est plein de moustiques, d'araignées, d'insectes qui piquent… Tia a préféré s'iso-ler dans une cabine-couchette. Ahito, lui, n'a pas besoin de s'isoler pour dormir.

Sined distribue les cartes avec un petit sourire en coin : sûr de sa victoire ou déjà en train de tricher ? Thran contemple son jeu d'un œil rêveur.

— Qu'est-ce qu'il y a, Thran ? remarque Sined. T'as jamais vu de GF-Cards ou quoi ?

— Vous vous rendez compte que si ça se trouve, un jour, nous aussi on aura nos têtes sur des GF-Cards ? Je vois ça d'ici... Thran, 300 sélections, meilleur défenseur des… euh… l'équipe des… des quoi au fait, les gars ?

— Hé mais… attends une seconde… t'as raison ! réalise D'jok. On n'a même pas de nom ! Une grande équipe doit avoir un grand nom ! Comment on pourrait s'appeler ?

— À toi de jouer, D'jok, rappelle Sined.

— Euh..., réfléchit Thran. Les Galactik Bats, c'est pas mal, ça, non ? Ou bien... euh, je sais pas moi, les Fireballs ?

— Mouais..., fait Sined en raflant la mise. Moi, j'avais pensé à un truc genre les Nullos, ou alors les Pieds Cassés !

La voix de Clamp retentit dans la cabine-salon :

— Les enfants, regagnez vos sièges et bouclez vos ceintures. On arrive !

— T'as entendu, Sined ? Boucle-la ! lance Micro-Ice d'un ton rogue.

***

Fidèles à leur réputation d'hospitalité, les Wambas ont invité l'équipe d'Aarch à festoyer dans le bâtiment du Conseil des Anciens, l'équivalent de la Confédération d'Akillian. « Équivalent » est un bien grand mot, car cette bâtisse ressemble autant à l'immeuble luxueux de la Confédération qu'une caverne à un château : c'est une grande case tout en bois et bambous, au toit de chaume et aux parois en fibres végétales, ceinte d'une galerie en planches soutenue par de longues perches. Elle est nichée au sein d'une jungle luxuriante, formée d'arbres gigantesques (auprès desquels les cédryans d'Akillian font figure d'arbustes) dont les racines énormes s'enchevêtrent en un fouillis végétal qui masque le sol. Sous ces frondaisons majestueuses poussent quantité de buissons, fougères géantes et arbres-champignons où s'entremêlent des lianes et des plantes grimpantes. Des mangroves et marais aux eaux saumâtres peu engageantes arrosent le tout, qui baigne dans une chaleur et une humidité d'étuve. Une vie foisonnante bruisse là-dedans, milliers de chants d'oiseaux, cris, pépiements, caquètements, stridulements et bourdonnements de nuées d'insectes… heureusement tenus à distance par des fumigènes odorants suspendus aux perches. En revanche, la chaleur accable les Akilliens qui transpirent à grosses gouttes, le souffle court et le sang épaissi.

Une grande table commune a été dressée sur la galerie, où ils partagent le repas avec leurs futurs adversaires, agréables, courtois et prévenants comme tous les Wambas. La tablée est présidée par Wakura, Patriarche du Conseil des Anciens, un poste similaire à celui qu'occupe Addim à la Confédération d'Akillian. Mais à l'inverse d'Addim, jeune bureaucrate carriériste, Wakura fut jadis un grand footballeur, qui a plusieurs fois mené les Wambas à la victoire. Des serviteurs vêtus de mauve – signe de leur appartenance à une caste inférieure – apportent des plateaux de nourriture fumante. Fumante et odorante… Un relent bizarre, acide et piquant. D'jok grimace.

— T'es au courant, toi, de ce qu'ils mangent, les Wambas ? demande-t-il à Micro-Ice attablé à ses côtés, l'air inquiet.

— Oui, justement. Mimouk, le cuistot cyclope de la Cafèt', m'en a parlé un jour… C'est pour ça que je flippe !

Un serviteur pose devant eux un plat qui a l'air d'une purée grise et velue, décorée d'une espèce de grosse fraise évoquant vaguement une mini-tête humaine. L'odeur monte au nez comme de la moutarde, en plus âcre.

— Bon… bon courage et bon appétit, Micro-Ice.

— Toi aussi...

D'jok saisit sa cuillère en bois et va pour se servir. Il retient son geste, les yeux écarquillés.

— Mais qu'est-ce que c'est que ce truc ?! (La « purée » vient de frémir en émettant une sorte de chuintement.) C'est moi qui ai des hallus, ou ça bouge comme si c'était vivant ?

— Euh... ben... d'après ce qu'a dit Mimouk..., commence Micro-Ice avec une expression carrément dégoûtée.

Quelqu'un se penche sur le plat, cueille la « fraise » de ses trois doigts. C'est Wouwambou, le capitaine des Wambas, les yeux verts et brillants, le teint gris perlé – apparemment bien remis de sa grippe sur Akillian.

— C'est de la blatch : une purée d'araignées fraîches à l'huile de colmache. Un véritable régal ! (Il enfourne la chose dans sa bouche – ça craque et couine sous la dent.) Vous allez voir, c'est vraiment délicieux.

— On n'en doute pas une seconde, grimace Thran, écœuré.

— Ou alors une toute petite seconde de rien du tout, renchérit Micro-Ice. Juste quelques centièmes, hein, Thran ?

Wakura frappe de son couteau sur son gobelet taillé dans l'écorce d'un fruit local, réclamant le silence. Puis il se lève :

— Mes très chers amis ! Je suis heureux de vous souhaiter la bienvenue au nom de tout le peuple wamba. Je suis particulièrement touché de recevoir sur notre planète l'équipe que vient de former Aarch. (Il se tourne vers ce dernier, assis à ses côtés.) Aarch, tu le sais, chez nous, tu es chez toi !

— Merci, Wakura. C'est un honneur pour moi d'être invité à ta table.

— Et maintenant, très chers amis, je propose un toast à votre santé ! ajoute le Patriarche en levant son gobelet.

Les Wambas avalent d'un trait le contenu du leur. Les Akilliens se sentent tenus de les imiter. C'est un liquide blanchâtre, d'aspect glaireux, au goût de vase prononcé.

— Beurk…, éructe D'jok. C'est quoi ce truc encore ?

Lûn-Zaera, installée en face de lui, se penche en se pourléchant avec un air gourmand.

— C'est de la bave de gatcho macérée dans la vase du marigot. N'est-ce pas que c'est divin ?

— Euh… Je crois que je vais vomir, réplique Thran soudain blême.

— Vous l'ignorez peut-être, reprend Wakura, mais votre entraîneur a séjourné un long moment chez nous. On peut même dire qu'il s'y est reconstruit, mentalement et physiquement. Nous l'avons nourri, nous l'avons soigné ! C'est pour cela que le lien qui unit Aarch et les Wambas est si fort...

Aarch baisse la tête. Cette innocente et gentille évocation de Wakura fait remonter à sa mémoire de bien cruels souvenirs...

C'était il y a dix ans. Un match de poule comptant pour la qualification à la Galactik Football Cup. Aarch était attaquant chez les Shadows – leur meilleur attaquant, bien qu'Artegor Nexus prétende le contraire. Débordant de Smog shadow qui semait derrière lui une traînée d'encre noire, la rage au cœur, la haine dans les yeux, il fonçait comme un malade vers les buts cyclopes.

« Aarch attaque d'entrée par une percée surprenante, il a décidé de se créer ses propres occasions ! La défense cyclope a senti le danger et décide de couper Aarch dans son élan ! »

Massifs et déterminés, unis par un lien télépathique, les trois défenseurs cyclopes s'élancèrent à sa rencontre. Sans dévier d'un pouce, sans tenter la moindre figure de style, Aarch les percuta de plein fouet. Le Smog qu'il dégageait telle une fumée toxique leur brouilla l'esprit, les empêcha d'utiliser leur Fluide, le Psycho-Bugg, qui booste leurs perceptions et leur cohésion. Il ricana, content de les avoir blessés.

« Aarch a repoussé les Cyclopes sans le moindre effort ! Quelle détermination chez ce joueur ! »

Ce n'était pas de la détermination, mais de la furie. Le Smog shadow embrouillait également son esprit, tel un produit dopant inoculé en surdose. Il ne pensait plus, ne voyait plus, ne respectait plus rien. Avec Artegor Nexus qui l'entraînait sur cette pente dangereuse, il était devenu une machine de guerre destinée à pulvériser les buts adverses. Passe à Artegor, aussitôt marqué par deux Cyclopes, qui rend la balle à Aarch, lequel reprend sa charge inexorable, bouscule et renverse un joueur adverse. « Faute ! » entend-il dans ses écouteurs – mais il n'écoute pas, il court, aveugle et sourd. Un autre Cyclope tente de l'arrêter, ayant vu clignoter les bornes-arbitres. Hurlant de fureur, Aarch l'écrase, l'étouffe sous un débordement de Smog. Il va pour tirer dans les buts… Le ballon s'efface : il y a faute, donc arrêt de jeu. Son énergie noire ne trouvant plus d'exutoire, elle se répand hors de lui comme une hémorragie d'encre. Il se roule par terre, bavant et grognant. Le Smog s'échappe, s'écoule de lui en immenses traînées noires. Allongé sur le terrain, les bras en croix, il remue encore, veut se relever, achever le match, achever les Cyclopes, mais il ne le peut… Le Smog s'écoule, il râle, perd le Souffle, sa vie… Ses coéquipiers et même ses adversaires accourent, inquiets, une civière volante descend des limbes… Le Smog s'écoule… Trou noir.

***

Un trou noir qui a duré plusieurs mois… Le premier souvenir qui est remonté à sa mémoire fut ce grand soleil jaune qui venait lui chauffer les paupières, filtré par des feuillages qui lui semblaient à plusieurs centaines de mètres de hauteur. Autour d'Aarch, des constructions de bois, des toits de chaume… Il était allongé quasi nu sur une natte étendue sur un lit de planches grossières, un coussin aux couleurs vives sous la tête. Des oiseaux chantaient, des insectes stridulaient. Une belle jeune femme aux courts cheveux bruns, aux grands yeux bleus et aux lèvres pulpeuses est sortie d'une maison de bois et de tissu, lui apportant un plat de légumes fumants. Durant un instant, Aarch s'est cru au Paradis. Il a souri à cette divine apparition…

— Alors, comment va notre grand malade aujourd'hui ? Tu te sens mieux ?

Par la suite, Aarch a appris que cette femme s'appelait Simbaï, Dame Simbaï. C'était une Humaine exilée sur la planète Wamba, où elle apprenait les secrets des plantes et des médecines indigènes. C'était elle qui, à force de soins, de patience et de sollicitude, avait réussi à rendre à Aarch sa force physique, sa santé mentale et sa mémoire… Et c'était Clamp, son vieil et fidèle ami Clamp, qui l'avait arraché de l'hôpital shadow où on l'avait emmené, où les médecins locaux s'avéraient impuissants à contenir cette hémorragie de Smog : ils n'avaient jamais vu ça… Plus tard, quand il s'est senti mieux, Dame Simbaï lui a expliqué que, d'après elle, le Souffle d'Akillian et le Smog d'Obscurantis étaient deux Fluides incompatibles, qui avaient lutté en Aarch pour le « dominer » en quelque sorte. Le Smog avait fini par l'emporter après son long séjour sur la planète shadow. Mais il l'avait rendu fou furieux, dévoré par une ambition démesurée, une rage de vaincre que l'on ne rencontrait que chez les plus grands dictateurs ou chefs de guerre... Artegor s'en est mieux sorti apparemment, sans doute parce que le Souffle d'Akillian était moins fort en lui. Mais n'est-il pas lui aussi devenu arrogant et ambitieux, animé par une rage de vaincre qui vire à l'obsession ?

— Ça va, Aarch ? Aarch ?

Il s'arrache à la contemplation de la mangrove, et des espèces de libellules grandes comme des pigeons qui s'y ébattent en un ballet diapré.

— Simbaï ! Si tu savais comme ça me fait plaisir !

Elle a un peu vieilli, ses cheveux bruns ont poussé, ses grands yeux bleus sont protégés par de petites lunettes, mais ses lèvres sont toujours aussi attirantes, son sourire aussi charmant, et sa taille, entourée d'une large ceinture rouge, toujours aussi fine...

— Tu as l'air surpris de me voir ? J'habite toujours ici, tu ne t'en souviens plus ?

Elle se penche au bord du ponton de bois, trempe sa main dans l'eau jaune et tiède du marigot.

— Mais si, bien sûr. Je ne perds plus la mémoire, tu sais. (Aarch la rejoint, pose un genou à terre, saisit sa main mouillée.) Chère Dame Simbaï... (Il dépose un baiser sur ses doigts.) Dame Simbaï..., répète-t-il sur un ton empreint de respect, de déférence... et d'amour.

À l'oreille de Dame Simbaï, une petite boucle brillante émet un *bip* audible d'elle seule : sa liaison permanente avec le Cercle des Fluides. Maître Zimbra lui fait ainsi savoir qu'il est au courant de sa rencontre avec Aarch... Comme prévu.

***

Devant le portique d'entrée de la grande case du Conseil des Anciens, Tia, assise sur un rocher, contemple elle aussi le marigot. Elle s'y serait bien baignée histoire de se rafraîchir, mais elle se demande avec une certaine anxiété quelles bêtes affreuses peuvent barboter dans ces eaux limoneuses. Outre la chaleur moite qui l'endort, elle se sent un peu lourde, a l'estomac qui gargouille et la désagréable impression que la blatch gigote toujours dans son ventre. Quelle nourriture atroce !... Elle l'a quand même ingurgitée, car ses parents lui ont toujours dit qu'elle devait pouvoir manger de tout : « Si un jour tu deviens ambassadrice comme nous, sache qu'il est extrêmement impoli de refuser la nourriture que t'offrent les peuples que tu visites. Alors tu nous feras le plaisir de manger sans rechigner ce que te prépare ta gouvernante ! » Enfin, ce n'est pas mortel, si Aarch a vécu ici plusieurs années... Pour un vieux comme lui, il a l'air plutôt en forme.

Wouwambou s'offre une petite promenade sur la galerie, afin de profiter de la relative fraîcheur – seulement trente-cinq degrés aujourd'hui – et de digérer cette succulente blatch dont il a un peu abusé, il en convient. Il s'immobilise tout à coup, découvrant Tia sur le rocher devant l'en-trée. L'iris vert de ses yeux s'élargit, signe d'une émotion intense. Elle ! C'est elle... « Elle ne doit plus pouvoir jouer. Plus jamais. Suis-je assez clair ? » Oh oui,

Artegor Nexus a été très clair. Et Wouwambou, cet imbécile, a accepté l'argent. Il a pu payer le médecin, les médicaments, et même rapporter des crédits à sa famille. Maintenant, il doit honorer sa part du contrat… Il ne songe pas une seconde à se dérober, car les Wambas ne sont pas comme ça : ce qu'ils ont promis, ils le tiennent, même si cela doit leur coûter la vie. Mais cette jeune Humaine a l'air si gentille et si fragile… Pourquoi Wouwambou doit-il l'empêcher de se livrer à sa passion ? Pourquoi doit-il lui faire du mal, à son âme et à son corps défendants ? Ah, cruelle destinée ! Que les Humains sont donc retors et méchants ! Il s'éclipse, brunissant de honte : il ne voudrait surtout pas avoir à parler à cette petite Tia, tisser avec elle des liens d'amitié – pour la détruire ensuite. C'est totalement contraire à l'esprit wamba.

Sortant de la maison en quête d'un peu de fraîcheur, Rocket descend les marches menant au ponton, rejoint Tia au pied du rocher. Elle se lève vivement, prête à fuir – se détend : Rocket n'est pas un ennemi, ne lui veut pas de mal. Tant qu'il ne la touche pas, ça va.

— Tia... Tu n'as rien dit aux autres à propos de ce que tu sais, j'espère ?

— De quoi tu parles ?

— Tu leur a pas raconté que j'étais le neveu d'Aarch, hein ?

— Mais non, bien sûr que non, voyons !

Elle accompagne ses paroles d'un sourire et se rassoit, perd son regard dans les profondeurs de la jungle. Rocket grimpe à son tour sur le rocher, se pose à côté d'elle, dégoulinant de sueur.

— Tant mieux ! Comme ça, on aura chacun notre petit secret...

Partager des secrets, c'est un bon début pour partager d'autres choses ensuite, comme des moments intimes, songe-t-il. Peut-il se permettre de prendre la main de Tia, ou est-ce encore trop tôt ? Mais sa remarque ne produit pas du tout l'effet escompté :

— Qu'est-ce que tu racontes, Rocket ? s'emporte Tia. Je n'ai rien à cacher, moi !

— Quoi ? Mais... euh..., balbutie-t-il, désarçonné. Ton arrivée sur Akillian...

— Excusez-moi, mademoiselle..., retentit une voix derrière eux. (C'est un des serviteurs wambas, plutôt âgé, semble-t-il.) On ne se serait pas déjà croisés quelque part ?

— Ça m'étonnerait beaucoup ! répond Tia d'un ton sec.

— J'ai travaillé sur de nombreuses planètes, et je suis presque certain de vous avoir déjà vue, insiste le serviteur. Ne seriez-vous pas la fille de… comment s'appellent-ils déjà ? Ce couple de diplomates ?

— Puisque je vous dis que non ! rétorque Tia, qui saute à bas du rocher et s'éloigne d'un pas vif.

Rocket s'est levé à son tour, il fusille le Wamba du regard : cet imbécile a tout fait foirer ! Gêné par son expression peu amène, le serviteur s'éloigne en marmonnant :

— C'est elle, j'en suis sûr. Ma mémoire ne me trompe jamais.

11. Snow-Kids contre Wambas

Situé au bord du marais, le Jungle Stadium paraît assez primitif vu de loin : tout en bois, perches et bambous, couvert de grandes tentures en fibres végétales, traversé par une passerelle porte-accessoires formée de lianes et de tiges flexibles, accessible uniquement par des ponts de lianes. Sa tour technique, qui supporte les nacelles de la presse et des entraîneurs, également en bois, est agrémentée d'une cascade autour de laquelle foisonnent quantité de plantes ; curieuse décoration… Mais qu'on ne s'y trompe pas : comme tous les stades de la Galaxie, il est équipé par la Technoïd : pelouse synthétique mémorielle truffée de capteurs, barrières de touche électromagnétiques, nacelles de communication multiplexées, bornes d'arbitrage à haute vélocité, filets à mémoire d'impact, cages d'exclusion, civières volantes, écrans holographiques géants et *tutti quanti*...

Dans les vestiaires, rustiques mais climatisés – une attention fort délicate des Wambas pour leurs hôtes venus du froid –, où scintille un écran sphérique suspendu à une longue perche de bambou, l'équipe d'Aarch déconcertée observe Thran qui se tord de douleur sur le banc, les mains sur le ventre.

— Pauvre Thran, t'as vraiment pas l'air dans ton assiette ! constate Micro-Ice.

— S'te plaît, me parle plus d'assiette, tu seras gentil..., gémit Thran, pâle et transpirant.

— Faut être vraiment débile pour bouffer cette saleté-là, leur blatch ! critique Sined d'un ton méprisant.

— Ils nous invitent à manger, on goûte, c'est normal ! rétorque D'jok. Ça s'appelle la politesse. Encore un truc que tu connais pas !

— Y goûter, c'est p't-être de la politesse… Oh… (Thran grimace, plié en deux.) Par contre, en reprendre, c'était vraiment pas malin !

— C'est pas vrai, t'as pas fait ça ! T'en as repris combien de fois ?

Il lève péniblement trois doigts.

— Bravo Thran, bien joué ! gronde Rocket. (Il se plante au milieu des vestiaires.) Vous avez tous entendu Aarch : on doit *absolument* gagner ce match. Et pour ça, on aura besoin de tout le monde !

— De quoi tu t'mêles, le nouveau ? aboie Sined. Pour qui tu t'prends, d'abord ?

— Lâche-le, Sined, tu veux ? lance D'jok.

— Merci mais ça va, je peux me défendre tout seul, assure Rocket.

Il coule à Sined un regard noir, genre « Encore un mot et je te colle une patate », quand Ahito se réveille d'un sursaut.

— J'ai trouvé ! Les Snow-Kids !

Tous le dévisagent sans comprendre.

— Ben quoi, vous cherchiez bien un nom pour l'équipe ?

— Ouais, y a environ deux jours, sourit Micro-Ice. T'es plutôt rapide sur ce coup, Ahito !

— Ben ouais, les Snow-Kids… Moi je trouve que ça sonne bien. Vous prenez Akillian… la neige, la glisse… Vous mélangez le tout… Ça donne les Snow-Kids !

— Ouais…, opine D'jok. C'est vraiment pas mal du tout. Bon, qui est pour ?

Tous les bras se lèvent – même Thran qui réussit à lâcher son ventre. Seul Sined ne participe pas au vote.

— Moi aussi, dit Aarch, qui vient d'entrer dans les vestiaires avec Clamp.

— Ça me va, approuve ce dernier.

— Sérieux, ça vous plaît ? s'étonne Ahito, heureux d'avoir eu une bonne idée.

— Oui, mais un nom seul ne suffit pas. Il faut également…

— … de beaux maillots tout neufs ! achève Clamp, les bras chargés desdits maillots.

— Oooh ! Waouh ! Super !

Il les pose sur une table. Tout le monde se précipite, les déplie. Ils sont bleu et blanc, deux bandes pourpres sur les bras, le dos orné d'un grand numéro blanc dans un cercle rouge. Le même numéro est reproduit sur la poitrine, en plus petit, au niveau du cœur.

— Génial ! s'écrie Ahito, presque excité. Ces tenues sont les mêmes que celles que portaient les joueurs à la grande époque d'Akillian, vous vous rendez compte ?

— Ça fait quelque chose, quand même..., soupire Micro-Ice ému.

D'jok s'empresse d'enlever son T-shirt et d'enfiler le maillot.

— Cette fois ça y est, on est une vraie équipe maintenant : les *Snow-Kids* !

— Ça, on en jugera sur le terrain, tempère Aarch.

Pendant que les Snow-Kids s'extasient sur leurs tenues, Clamp, muni d'une télécommande multifonctions, a activé l'écran sphérique qui affiche un terrain de foot en 3D.

— Bien ! Voilà la composition de l'équipe, annonce Aarch. Ahito dans les cages, Thran et Meï en défense, Tia et Rocket en milieu de terrain. Enfin, les deux attaquants seront D'jok et Sined.

Tandis qu'il indique les positions de chacun, les silhouettes miniatures des joueurs mentionnés apparaissent sur le terrain.

— Mais, et moi m'sieur, alors ? se manifeste Micro-Ice.

— Tu seras remplaçant.

Sined se met à ricaner. Aarch se tourne vers lui.

— Quelque chose ne va pas, Sined ?

— Ah ! euh, rhm... Non non, rien du tout. Juste un truc coincé dans la gorge... Rh-rhm !

— Mais m'sieur, j'suis chaud bouillant là, j'vous jure ! plaide Micro-Ice. Faites-moi entrer et je vous marque trois buts, minimum !

— Écoute, Micro-Ice, faire partie d'une équipe, c'est aussi respecter les décisions de l'entraîneur. Alors inutile de discuter !

— Bien, monsieur..., soupire Micro-Ice en baissant la tête.

Sa déception fait peine à voir : pour un peu, Meï le prendrait presque en pitié.

***

Sur le terrain et sous le cagnard, la cascade qui dégringole du haut de la tour technique révèle toute son utilité : brumisée par un système de ventilation judicieux, elle disperse sur le stade un aérosol rafraîchissant, qui évite aux joueurs – surtout étrangers – d'être terrassés par la chaleur avant la fin de la première mi-temps. Une nouvelle attention délicate des

Wambas... Avec ses grands mâts et ses auvents de toile, le stade tout entier évoque un immense voilier échoué au milieu de la jungle. Déroutante impression, renforcée par les équipements standards de la Technoïd, fort incongrus dans ce décor naturel, fixés parmi les constructions en bois à l'aide de lianes et de cordages en fibres.

— Ça va, toi ? demande D'jok à Thran, tandis que les Snow-Kids gagnent leurs positions respectives.

— Oui, je me sens mieux... Hé ! Ils sont encore plus impressionnants en tenue !

L'équipe wamba vient d'arriver sur le terrain. Avec leurs grands yeux colorés, leurs oreilles en pointe, leurs mains et pieds aux trois doigts griffus, leur corps longiligne à la musculature fine et puissante, ils évoquent les elfes des très vieilles légendes terriennes. Fair-play, ils saluent leurs jeunes adversaires d'un petit signe de la main avant de prendre position.

— Concentrez-vous, coup d'envoi dans une minute ! annonce Aarch, penché sur son écran de contrôle dans la nacelle qui lui est réservée, où ont également pris place Clamp et Micro-Ice. Ce dernier boude, assis par terre dans un coin. Il ne veut même pas voir le match : il ne se sent plus concerné.

5… 4… 3… 2… 1… 0, égrène le compte à rebours dans les moniteurs.

Le ballon jaillit au centre, acclamé par le public, composé surtout de Wambas. D'jok bondit, mais il n'est pas de taille face à Wouwambou qui, d'entrée de jeu, utilise l'Esprit d'Ibo. Auréolé de flammèches dorées, il récupère la balle en plein ciel – son pied griffu l'enserre comme une main –, retombe souplement sur le terrain et scotche sur place Tia et Rocket, les deux ailiers, par une série de virevoltes hyper-rapides.

C'est Callie Mystie qui commente ce match – elle semble avoir décidé de suivre les Snow-Kids jusqu'au bout de leur parcours :

— C'est parti ! Il s'agit donc du premier match amical que dispute la nouvelle équipe d'Akillian, les Snow-Kids. Récupération immédiate du ballon par les Wambas, qui mènent leur première offensive. Wouwambou efface directement Tia et Rocket grâce à son Fluide ! Il passe à Lûn-Zaera qui tire – tir bloqué par un arrêt pour le moins original d'Ahito, le jeune gardien des Snow-Kids, qui relance aussitôt vers son frère Thran. Thran qui réussit à dribbler deux joueurs wambas et passe à Sined, Sined qui relance vers l'avant à Rocket, mais interception des Wambas qui repartent à l'assaut !

Rocket, cherchant Tia du regard, n'a pas vu surgir devant lui Lûn-Zaera nimbée de flammes dorées, qu'il vient de laisser sur ses arrières. Il hésite un dixième de seconde – suffisant pour que la joueuse la plus rapide de la Galaxie lui subtilise le ballon et reparte à l'assaut des cages défendues par Ahito, qui cette fois n'a pas vraiment le temps de dormir. Lûn-Zaera trouve Meï sur son chemin, Meï qui la colle littéralement et, par un tacle habile, réussit à dévier son tir : le ballon ricoche contre la barre supérieure des cages. Tant mieux, car Ahito n'a rien vu venir ! Son frère le récupère à la volée, dégage vers l'avant. La balle est reprise par un joueur wamba perché sur la passerelle technique : une position peu conventionnelle mais autorisée, du moment que son Fluide lui a permis de bondir jusque-là.

— Quel match ! s'émerveille Callie qui voit tout en multi-angles dans la nacelle des médias. On est loin du simple match amical.

Les Wambas ne s'économisent pas, ils imposent leur rythme à cette rencontre !

En un superbe triple salto, le Wamba envoie la balle dans les pieds d'une coéquipière marquée par Rocket, laquelle repasse à Lûn-Zaera qui trouve de nouveau Meï sur son chemin, Meï qui réussit cette fois à lui faucher le ballon. Elle passe à Sined qui profite d'une trouée pour tenter une échappée vers l'avant, suivi par D'jok démarqué. Très vite, Sined est arrêté par deux défenseurs wambas, mais, au lieu de passer à D'jok, essaye de les dribbler. Il y réussit d'ailleurs, pour être aussitôt taclé par un troisième tombé du ciel, qui lui reprend la balle d'une pirouette.

— Quel enfoiré ! crie D'jok, levant les bras au ciel.

— Oh là là, que se passe-t-il ? Sined semble refuser de collaborer avec D'jok ! constate Callie. Aarch va devoir veiller à la bonne cohésion de son équipe ! Sined perd le ballon, les Wambas remontent très vite le terrain vers les buts adverses…

Par une succession de passes qui relèvent de la haute voltige, la balle parvient de nouveau dans les pieds de Lûn-Zaera qui tourbillonne et *tire* – une fois de plus, Ahito ne voit rien venir : le ballon est déjà dans ses filets qu'il est encore en train de bondir.

— *But !!!* crie Callie Mystie. Profitant d'une initiative maladroite de Sined, les Wambas viennent d'ouvrir le score !

Ovation tonitruante du public, debout dans les gradins, qui applaudit autant cette belle attaque de son équipe que la résistance héroïque des jeunes Akilliens. Dans la nacelle, en revanche, Aarch n'applaudit rien du tout :

— Bon sang, qu'est-ce que vous attendez ? s'époumone-t-il dans son micro. Ouvrez le jeu sur Tia !

Chaque joueur, muni d'une oreillette, reçoit le message cinq sur cinq. Dès l'engagement, Rocket réussit à faucher le ballon à une adversaire et le passe à Tia, sur l'autre bord du terrain, en un beau shoot lobé qui tire un sifflement d'admiration à la joueuse qui le marquait. Assaillie par Wouwambou, Tia n'a pas d'autre issue que de passer à Sined, lequel tente à nouveau une percée en solo. Un Wamba vient le tacler, il l'évite d'un bond et poursuit sa course, concentré, ignorant ses coéquipiers – D'jok surtout – qui lui font pourtant des signes. Beaux joueurs, ou voulant donner un peu de travail à leur gardien, les Wambas le laissent courir…

— Sined est à nouveau en possession du ballon ! commente Callie. Il parvient seul devant les cages adverses, il *tire*… Quel arrêt magistral de Bounzoff, le goal wamba !

Malgré sa corpulence, celui-ci exécute une acrobatique roue arrière devant les filets, magnifiée par une pyrotechnie de feu doré. Le ballon repart comme un boulet au milieu du terrain, miraculeusement intercepté par D'jok qui shoote aussitôt – nouvel arrêt de Bounzoff, en un élégant salto. Sined récupère la balle et tire encore – cette fois, Bounzoff l'arrête tout bonnement de la main. Faisant tournoyer la balle au bout de son gros doigt, il adresse un signe négatif aux deux attaquants des Snow-Kids essoufflés et déconfits.

— Décidément Bounzoff est intraitable, constate Callie. Il a décidé qu'aujourd'hui le ballon ne rentrerait pas dans ses cages !

— Mais qu'est-ce que c'est que ce jeu ? hurle Aarch devant son écran. C'est au foot que vous jouez, ou au flipper ?

Les Wambas ont décidé que ce petit interlude était terminé : sur une passe très ajustée de Bounzoff à Wouwambou, ils repartent à l'assaut. D'jok et Sined battent rapidement en retraite, à la rescousse de leurs défenseurs débordés par l'attaque fulgurante de Wouwambou et Lûn-Zaera, qui échangent le ballon à une vitesse prodigieuse, effacent sur place Tia et Rocket, embrouillent le pauvre Thran qui ne sait où donner du pied. Sined a alors recours à son coup en traître qui a bien réussi sur Micro-Ice : il plonge pied en avant, frappe le mollet de Lûn-Zaera qui fait un vol plané et s'abat sur la pelouse. Curieusement, les bornes-arbitres n'ont pas vu la faute – peut-être sont-elles rouillées par l'humidité constante... Wouwambou, qui a déjà récupéré la balle, accomplit par-dessus les défenseurs des Snow-Kids une espèce de saut périlleux – le ballon va s'écraser dans les filets. Ahito n'a pas eu le temps d'amorcer le moindre mouvement pour l'arrêter.

— *Buuuut !!!* hurle Callie Mystie. Malgré une faute de Sined que j'ai bien cru voir, mais dont les Wambas n'ont pas tenu compte !

— Sined, ce n'est pas en jouant comme ça que tu arriveras à quelque chose ! vocifère

Aarch en martelant du poing sur la table. C'est aussi valable pour les autres. Dégagez vers l'avant, bon sang !

— On pourrait effectuer un changement, suggère Clamp.

— Ah ouais, excellente idée ! se redresse Micro-Ice.

— Non, se bute Aarch. Je veux qu'ils trouvent leurs marques avec cette configuration.

— N'empêche, c'était pourtant une bonne idée, grommelle Micro-Ice, qui se rassoit dans son coin.

Le match a repris, Rocket profite d'avoir récupéré la balle, il ne sait trop comment, pour passer à Tia en lui criant :

— Vas-y, Tia ! Tente ta chance !

Elle se met à foncer balle au pied… Plus elle court, plus elle sent cette énergie fabuleuse l'envahir, l'électriser, déborder en ondes bleutées. Du coup, les Wambas lui paraissent moins rapides : elle en évite un, saute par-dessus un second qui a tenté un lent tacle, repasse à Rocket qui, aussitôt marqué, shoote une belle chandelle vrillée…

— Mais que se passe-t-il ? s'écrie Callie ébahie. La jeune Tia semble utiliser le Souffle d'Akillian, c'est incroyable ! Vous en êtes témoins, chers holospectateurs, c'est bien le Souffle qu'on croyait disparu !

Deux Wambas cherchent à récupérer la balle en plein vol, mais Tia décolle sur une colonne d'éclairs bleus, suivie par Wouwambou tout en flammes dorées qui pose sur elle un regard admiratif – le Souffle ! elle a le Souffle ! – puis retombe, la laisse tirer… De nouveau, Tia, qui n'est plus qu'énergie crépitante, sent son pied partir en un puissant balancier, percuter le ballon qui fuse vers les buts wambas. Cette fois, c'est Bounzoff qui n'est pas assez rapide : malgré sa détente fulgurante, la balle s'enfonce dans les filets en une splendide lucarne.

— Et c'est le *buuuut !!!* s'époumone Callie Mystie. Le premier but des jeunes Snow-Kids contre les habiles Wambas, grâce à un tir fantastique de Tia boostée par le *Souffle d'Akillian* ! Quelle émotion, chers holospectateurs !

Délire dans les gradins : le public acclame ce but comme si c'était son équipe favorite qui l'avait marqué. Ainsi sont les Wambas…

C'est au tour des Snow-Kids de sauter partout, de se taper sur l'épaule et de se tomber dans les bras. Rocket aimerait bien embrasser Tia mais il n'ose pas, se contente de la serrer brièvement contre lui – elle se dégage aussitôt. Seuls Meï et Sined ne partagent pas l'enthousiasme général : tous deux sont jaloux – pour des raisons différentes.

— Waouh !! trépigne aussi Micro-Ice, qui a vu cette belle action au ralenti dans le moniteur de Clamp.

— Voilà ! C'est exactement comme ça qu'il faut jouer ! se réjouit enfin Aarch.

— Les Snow-Kids reviennent dans le match, relancé à 2-1 après un but spectaculaire de Tia, leur jeune prodige ! déclare Callie Mystie.

Pour la reprise du jeu, Rocket décide de son propre chef de placer Tia en troisième attaquante. Ne recevant aucun commentaire d'Aarch dans son oreillette, il suppose que cette décision est la bonne. Tia se retrouve donc face à Wouwambou, qui la regarde bizarrement. Il est en proie à un pénible conflit intérieur : d'un côté, un respect nouveau pour cette joueuse qui maîtrise si bien son Fluide, de l'autre ce « contrat » passé avec Artegor Nexus, qu'il doit honorer… Il ferme les yeux, serre les poings. Il aimerait être à mille lieues d'ici, encore malade sur Akillian… et n'avoir jamais rencontré Artegor Nexus.

La balle jaillit du centre, le match reprend. Très speed, très physique, très acrobatique : cette fois les Wambas ne rigolent plus, ils savent qu'ils ont devant eux au moins *une* adversaire à leur hauteur.

— Tia a déjà récupéré la balle et remonte le terrain à vive allure, elle esquive tous ses opposants wambas, c'est exceptionnel ! s'écrie Callie émerveillée.

De fait, cette partie-là se résume plutôt à un duel entre Tia et Rocket d'une part, Wouwambou et Lûn-Zaera de l'autre, le reste des joueurs étant réduits à un rôle de figurants, de passeurs de balle. Utilisant le Souffle avec parcimonie mais avec une précision inégalée, Tia intercepte les balles adverses et contrôle celles que lui envoie Rocket qui, lui, s'il n'a pas le Souffle, possède dans ses tirs une précision millimétrique. Ce que remarque Callie Mystie :

— Tia semble inarrêtable ! Grâce à un une-deux avec Rocket qui lui renvoie la balle au millimètre, elle parvient dans la surface de réparation wamba. Elle est rattrapée par

Wouwambou qui s'élance vers elle, boosté lui aussi par l'Esprit d'Ibo…

Au moment où Tia décolle pour son fameux tir canon, Wouwambou s'arrache lui aussi du sol… Il percute Tia à la volée, à pleine puissance, à pleine vitesse. Le choc des deux corps « dopés » par leurs Fluides respectifs équivaut, à l'échelle, à un crash d'avions en plein ciel. Tous deux s'écrasent au sol, anéantis.

— *Faute !!!* braille Callie Mystie. Faute incompréhensible de Wouwambou, le capitaine wamba, pourtant réputé pour son fair-play ! Que lui arrive-t-il donc ? »

Wouwambou, plus solide et musclé que Tia, est juste sonné et se relève bien vite. Tia, elle, demeure sans connaissance…

Les deux équipes accourent, alarmées. Rocket échange un regard avec Lûn-Zaera, dans lequel il lit le reflet de son propre désarroi. D'jok en colère s'approche de Wouwambou, mais est repoussé par Bounzoff qui alpague son capitaine déboussolé :

— Non mais ça va pas ?! Qu'est-ce qui t'a pris ?

— Je… je crois que j'ai mal contrôlé ma force. Je suis désolé…

Les Wambas ne savent pas mentir, d'ailleurs Wouwambou ne ment pas : ce n'est pas ainsi qu'il comptait éliminer Tia ; il voulait juste stopper son attaque irrésistible, afin que les Wambas ne soient pas ridiculisés par cette gamine débutante. Il ne pensait pas que le Souffle de Tia était si puissant, n'avait pas calculé qu'en lui l'Esprit d'Ibo était à son paroxysme, gonflé par l'angoisse issue de son dilemme. En effet, il n'a rien contrôlé... C'est incontestablement une faute. Une faute grave.

Résigné, il se laisse saisir par la cage d'exclusion, qui va le suspendre durant cinq minutes à dix mètres du sol. À travers ses parois rougeoyantes, il regarde la civière volante emporter Tia dans les vestiaires... Quoi qu'il en soit, il estime avoir accompli sa mission, être quitte avec Artegor Nexus. Il souhaite de tout cœur que Tia, cette petite prodige, se remette rapidement de son traumatisme...

Le gong (un vrai gong, frappé par un serviteur en mauve) sonne la mi-temps, qui tombe à point nommé. Toute l'équipe des Snow-Kids se retrouve dans les vestiaires autour de Tia, toujours inconsciente. Rocket se penche sur elle, lui caresse les cheveux...

— Reculez ! intime Clamp. Laissez-la respirer !

D'jok fait les cent pas, la colère ne l'a pas quitté, Bounzoff l'ayant empêché de dire à Wouwambou ce qu'il pensait de lui.

— Sérieux, je suis dégoûté ! Une faute aussi grave en match amical, non mais franchement, je trouve ça abusif, pas vrai, m'sieur ?!

— Pour l'instant, D'jok, notre principal souci, c'est de trouver un moyen de soigner Tia. Sans elle, il n'y a plus de Snow-Kids, vous en êtes conscients ?

— Ne vous inquiétez pas, je vais la remettre sur pied, intervient Dame Simbaï, apparue à la porte des vestiaires. (Elle s'avance vers Tia, portant à l'épaule un sac garni de plantes et de potions.) Traiter un choc entre Fluides, c'est un peu ma spécialité, n'est-ce pas, Aarch ?

— Simbaï, tu es providentielle, sourit-il, rassuré.

12. L'ARRESTATION DE TIA

Sans Tia et sa maîtrise du Souffle, le match s'est plutôt mal terminé pour les Snow-Kids : 4 à 1 en faveur des Wambas. Mais, de toute façon, le cœur n'y était plus. Beaux joueurs, les Wambas ont préféré se passer de leur capitaine durant toute la seconde mi-temps. Du coup Aarch n'a pas remplacé Tia par Micro-Ice, qui est donc resté sur le banc de touche, ou plutôt dans la nacelle, à regarder son équipe encaisser deux nouveaux buts : un « cadeau » des Wambas, qui auraient pu en marquer facilement une dizaine s'ils avaient continué de se donner à fond. Mais, par respect pour leurs adversaires diminués, ils ont décidé d'un commun accord de ne plus utiliser l'Esprit d'Ibo afin de se mettre au niveau des Snow-Kids, c'est-à-dire à ras de terre. Malgré tout, leur force et leur habileté, leur expérience et leur supériorité technique ont fait la différence...

Durant le voyage de retour vers Akillian à bord du *Tanaga*, les Snow-Kids commentent leur première expérience de jeu à un niveau professionnel autour d'une partie de GF-Cards.

— Si les Tigres Rouges jouent aussi physique pour le prochain match, on a intérêt à faire gaffe à nos chevilles, note Micro-Ice.

— Toi, tu risques rien, raille Sined. Personne viendra te tacler sur le banc !

Dame Simbaï sort de la cabine-couchette, son sac de remèdes toujours en bandoulière.

— Voilà ! J'ai changé le pansement de Tia, son tibia se remet bien en place, annonce-t-elle à Aarch. Quant à son... électrochoc, si je puis dire, si elle n'utilise pas le Souffle pendant quelque temps, ce ne sera bientôt plus qu'un mauvais souvenir...

— Merci pour tout, Simbaï, dit Aarch en lui prenant la main. On a perdu un match, mais on a gagné une formidable soigneuse.

— Oh, je ne fais que mon devoir… (Elle se tourne vers Rocket.) Tia s'ennuie, elle se sent un peu seule.

— J'y vais.

Micro-Ice suit Rocket du regard, qu'il tourne ensuite vers Meï, plongée dans la lecture d'un téléjournal de mode. Il soupire… D'jok le ramène à la réalité :

— À toi de jouer, Micro-Ice.

Clamp appelle Aarch, lui demande de le rejoindre dans le poste de pilotage.

— Qu'y a-t-il, Clamp ? Un problème ?

— Non, tout va bien. Je m'interrogeais simplement. Tu ne trouves pas ça bizarre, cette agression dont Tia a été victime ? Les Wambas ne jouent pas comme ça d'habitude…

— Je le sais bien. Je n'arrête pas d'y penser, ça m'obsède. Tia a des capacités exceptionnelles, elle maîtrise le Souffle, c'est un formidable atout pour l'équipe !

— Tu ne penses tout de même pas que quelqu'un voudrait la...

Clamp ne poursuit pas sa phrase, se penche sur les commandes. Aarch le dévisage, puis perd son regard dans l'espace infini, illuminé par l'éclat blanc de Vega, le soleil d'Akillian, qui grandit dans le panoramique. « C'est absurde, songe-t-il. Les Snow-Kids sont des débutants : quel enjeu, quelle menace peuvent-ils représenter ? Qui peut leur en vouloir au point de tenter d'éliminer leur meilleure joueuse ?… Artegor ne serait quand même pas tombé si bas ? »

***

Dans son vaste bureau au sein du luxueux immeuble de la Confédération, sur Akillian, Artegor Nexus est en contact transpace avec Wouwambou, qu'il a réussi à joindre non sans mal : le capitaine des Wambas, retourné dans sa famille, ne désirait communiquer avec personne… pas avec Artegor Nexus, en tout cas. Mais, grâce à son contact sur place – un serviteur qu'il a employé jadis, quand il jouait chez les Shadows –, Artegor a quand même pu le retrouver.

— D'après mes informations, la petite Tia devrait se remettre assez rapidement, lui annonce-t-il.

— Ah ! répond Wouwambou, qui masque mal sa satisfaction.

— Vous avez l'air soulagé ?

— Moi ? Euh... Non...

Ce « non » a bien du mal à franchir les lèvres du capitaine wamba, qui se plissent malgré lui en une ombre de sourire.

— Quoi qu'il en soit, vous ne m'en voudrez pas si je garde la somme restante ? conclut Artegor en agitant une grosse liasse de crédits devant l'écran, sous le nez de Wouwambou.

— Gardez votre argent, Artegor. Je ne veux plus traiter avec vous.

Sur ce, Wouwambou coupe la communication. Nexus hausse les épaules puis se tourne vers le serviteur wamba, qui a troqué ses frusques mauves de quasi-esclave pour un costume strict et classe – celui qu'il portait lorsqu'il travaillait dans les ambassades ou pour de riches vedettes comme Artegor Nexus. Celui-ci lui remet la liasse de crédits.

— Tenez, vous l'avez bien mérité. Cette somme vous permettra-t-elle de vous affranchir de votre servitude chez les Wambas ?

— Certainement, monsieur, acquiesce le serviteur avec une courbette. Du reste, je ne compte pas retourner sur cette maudite planète.

— C'est bien dommage… Il me faudra donc trouver un autre informateur. En tout cas, grâce à vous, Aarch va devoir se passer à jamais de sa petite merveille… si votre mémoire ne vous a pas trompé, si Tia est bien la fille des diplomates que vous dites.

— Ma mémoire ne me trompe jamais, monsieur, réplique le serviteur avec une nouvelle courbette.

— C'est bien pour cela que je vous paye, mon cher…

Le serviteur parti, Artegor rallume sa console pour une autre communication – locale, cette fois :

— Police d'Arcadia, que puis-je pour vous, monsieur ?

— Passez-moi le capitaine, c'est très urgent.

— C'est à quel sujet, monsieur ?

— C'est pour signaler une fugue…

***

Pendant que les Snow-Kids reviennent vers Akillian, que le *Tanaga* entame les manœuvres d'approche de l'astroport de la lune Obia, une curieuse petite navette sol-espace en forme d'oiseau descend lentement dans la nuit bleutée d'Arcadia, ses sphères de sustentation rougeoyant sur les ailes et le fuselage. Elle se positionne en vol stationnaire au-dessus de l'ancien Arena Stadium, ouvre une espèce de bec et « crache » trois hommes en tenues bleu nuit. Soutenus par leurs ceintures antigrav, ils tombent en douceur sur le stade encroûté dans la glace. De là, ils courent vers la tour technique, close par une massive porte d'acier. L'un d'eux annonce dans un com :

— On y est, Corso. Rien à signaler.

Un quatrième les rejoint, massif, engoncé dans un anorak épais. Il a des traits vaguement asiatiques, l'œil gauche masqué par un viseur multifréquences.

— Activez vos brouilleurs, ordonne-t-il.

Les trois hommes bleu nuit enclenchent des appareils fixés à leurs poignets. Corso, le quatrième, plaque sur la porte d'acier un gadget en forme de galet, muni de boutons qu'il presse dans un certain ordre. Au bout de quelques secondes, la porte coulisse, mais les hommes n'entrent pas pour autant : ils attendent leur chef, qui se pointe sans tarder. Il porte une sorte de pourpoint rouge, un pantalon gris enfoncé dans des bottes fourrées ; une écharpe à capuche grise et des lunettes rondes anti-UV masquent ses traits. Sitôt à l'intérieur du bâtiment, il rabat son capuchon et soulève ses lunettes…

Ce visage – mâchoire carrée ornée de trois traits de barbe, yeux bruns cernés sous d'épais sourcils blonds, courts cheveux blonds aux mèches rebelles, deux anneaux ornant son oreille gauche –, des millions d'holospectateurs le voient chaque jour sur les chaînes de la TTV : c'est Sonny Blackbones, le chef des Pirates.

Celui qui lui a ouvert les portes de l'Arena Stadium est Flint Corso, son fidèle second.

Sitôt après avoir pénétré dans les entrailles obscures du stade, Blackbones et ses Pirates se dirigent d'un pas sûr vers le chantier de rénovation, guidés par un plan lumineux que consulte Corso. Celui-ci assigne à chacun sa mission : démonter au plus vite le plus de Ferrailles possible. Une fois ceux-ci réduits en pièces détachées, il transmettra un signal codé au pilote de la navette, qui enverra alors une plate-forme antigrav pour récupérer cette précieuse cargaison.

Pendant que ses hommes travaillent avec diligence, Sonny poursuit son exploration, pénètre dans la salle marquée HOLO-TRAINING. Il émet un sifflement d'admiration devant le grand cube blanc de l'holo-trainer : de la haute technologie, repère son regard avisé. Ça se revend cher au marché noir, ce genre de trucs... Il se dirige vers les consoles en veille : il faut d'abord éteindre tout ça sans planter le système.

Dans le chantier, l'un des Pirates a activé le panneau de contrôle général des Ferrailles et branché dessus un copieur-analyseur : il vaut mieux sauvegarder les logiciels avant de le démonter, car eux aussi se revendent.

— C'est bizarre, remarque-t-il. Ça ressemble pas à des programmes de la Technoïd...

— Ce matos non plus, renchérit un autre Pirate, visseuse en main. À part quelques composants... Si ça se trouve, on s'est gouré de client !

— On s'en fiche, tranche Corso. On embarque tout. Magnez-vous, les mecs !

Dans la salle de l'holo-trainer, Blackbones a

activé une console qui, bien entendu, lui demande un mot de passe. Il s'apprête à appeler Corso pour qu'il apporte son débugueur (le « galet » qui lui a servi à ouvrir la porte, capable de décrypter un million de codes par seconde) quand son regard est attiré par une ligne de petits caractères qui s'affiche dans la fenêtre d'identification :

Utilisateur autorisé : Pr Clamp.

Sonny ouvre des yeux ronds, et lance aussitôt sur la fréquence générale :

— Ne touchez plus à rien !

— Quoi ? s'étonne Corso, un bras de Ferraille dans la main.

— J'ai dit ne touchez plus à rien ! C'est clair ? Pas un seul boulon ne doit sortir de cet endroit !

— Mais enfin, Sonny, tu sais bien qu'on a besoin de ce matériel, c'est notre gagne-pain !

Un Pirate accourt soudain vers Corso, la main sur l'oreille :

— Flint, alerte ! Je viens de capter la fréquence des flics, ils envoient une navette ici !

— *Quoi ?!* Je comprends pas ! On a pourtant activé les brouilleurs, ils n'ont pas pu nous repérer !

— Tout le monde dehors ! hurle Sonny dans son com.

Entraînés à des retraites précipitées, les Pirates lâchent tout et se replient en bon ordre, efficaces et rapides. Ils déboulent à l'air libre au bord de l'Arena Stadium et sautent dans le vide, activant leurs ceintures antigrav : ils font confiance au pilote de leur navette pour les récupérer quelques dizaines de mètres plus bas…

C'est ce qui se produit, avec un timing dénotant une longue expérience. Les cinq Pirates s'engouffrent dans la navette, qui louvoie habilement dans le labyrinthe de glace de la cité en ruine : pas le moment de surgir en plein ciel et de se faire repérer par la police…

— Il y a une autre navette en approche, informe le pilote penché sur ses instruments. D'après son code d'émission, c'est un taxi d'astroport.

— On n'a pas dû être repérés, ces flics ne viennent pas pour nous, suppose Flint Corso. Vaut mieux attendre tranquillement qu'ils aient réglé leurs petites affaires…

— O.K., tu te planques et tu coupes tout, commande Blackbones au pilote.

***

L'aube pointe sur Arcadia, parant la neige de roses nacrés, tandis que la navette-taxi arrive en vue de la cité en ruine. La voix du pilote retentit soudain dans l'habitacle, réveillant les Snow-Kids plus ou moins somnolents (sauf Ahito – lui, rien ne le réveille) :

— Monsieur Aarch, je viens de recevoir un appel de la police d'Akillian qui m'ordonne de me rendre directement à l'Arena Stadium, où elle vous attend. Je suis tenu d'obtempérer, mais j'ai préféré vous avertir…

— Merci, répond Aarch calmement. Peut-être y a-t-il eu un vol ou des dégradations au stade ?

Il songe avec inquiétude à Bellow et à ses sbires, qui n'ont plus donné signe de vie depuis leur dernière apparition lors des tests de sélection. Ce serait bien dans leur nature de lâches de venir tout casser en son absence…

D'jok, Thran et Sined se tournent vers Micro-Ice, soupçonneux.

— Pourquoi vous me regardez comme ça ? se défend-il. J'y suis pour rien, c'est pas moi pour une fois !

Assis à côté de Tia, dont la jambe pansée de plantes wambas est étendue sur un coussin, Rocket l'a vue blêmir et se prendre la tête dans les mains. Lui devine pourquoi la police est venue les attendre, mais il ne peut rien dire, pas sans l'autorisation de Tia en tout cas...

Le taxi se pose devant l'entrée principale de l'Arena Stadium, à côté de la navette de la police dont le projecteur tourne inlassablement, tirant mille éclats aux murs de glace alentour. Aarch et Clamp descendent les premiers, en tant qu'adultes responsables de l'équipe. Un policier casqué en tenue de combat (comme s'il y avait un quelconque combat à livrer) adresse à Aarch un salut militaire et lui tend une photo en 2D.

— Nous sommes à la recherche de cette jeune fille. Nous savons qu'elle fait partie de votre équipe.

L'entraîneur fronce les sourcils : c'est une photo de Tia.

— C'est exact, admet-il. Puis-je savoir pourquoi vous la recherchez ?

— Elle a fugué de chez ses parents, les ambassadeurs d'Obia.

— Comment ça ?! J'ai reçu leur autorisation par holocarte…

Les Snow-Kids sont descendus à leur tour du taxi, qui redécolle immédiatement. Tia s'approche d'Aarch, clopinant sur sa béquille, soutenue par Rocket.

— Ce n'était pas mes parents, explique-t-elle. Juste des comédiens que j'ai payés pour jouer ce rôle. Je voulais tellement faire partie de votre équipe… Je suis vraiment désolée…

Elle fond en larmes. Rocket l'entoure d'un bras protecteur.

— Mais, voyons, Tia, il… il doit y avoir un moyen…

— Tu ne connais pas mes parents !

— Excusez-moi, jeune homme, intime le policier, qui repousse Rocket et saisit Tia par le bras.

Encadrée par deux flics, elle est conduite à la navette policière, dont le sas se referme sur elle et qui s'envole dans le ciel pâle de l'aube sans autre forme de procès.

À quelque distance de là, dissimulé dans l'ombre de la tour Soustra, le vaisseau des Pirates attend, tous feux éteints, son émission d'énergie réduite au minimum. Planté au bout d'une aile, Sonny Blackbones observe aux jumelles la scène qui se déroule devant l'entrée de l'Arena Stadium. Il voit les policiers palabrer avec un grand costaud, puis embarquer une gamine qui boitille sur une béquille.

— T'avais raison, Corso, dit-il à son second venu le rejoindre. Les flics ne sont pas venus pour nous.

Il promène ses jumelles sur le groupe massé devant la navette, visiblement déconfit : à part le grand costaud, ce ne sont que des gosses... Mais... Sonny focalise sur ce type petit et râblé, aux mèches grises et folles, barbiche au menton, de gros yeux derrière des lunettes teintées. Il augmente le zoom, cale l'image.

— Clamp ? Non, ce... ce n'est pas possible... Ça ne peut pas être lui..., marmonne-t-il effaré.

— Que se passe-t-il, Sonny ? s'enquiert Corso. On dirait que t'as vu un fantôme !

— Un fantôme, oui ! Un fantôme issu du passé... d'une autre vie.

13. La fonte des glaces

« Nous avons donné à notre fille Tia l'autorisation de jouer dans votre équipe », déclare l'homme sur un ton un peu guindé. La femme se serre contre lui, toute souriante, et ajoute : « Nous sommes très fiers d'elle, monsieur Aarch, vous savez ! »

Tia revoit la scène sur l'écran géant, encadré de deux véritables peupliers, qui trône au milieu de l'immense salon de la résidence de ses parents, sur Obia. Tête basse, mains dans le dos, elle n'en mène pas large. Elle ne profite même pas du spectacle magnifique offert par les larges baies vitrées : Akillian qui roule, telle une tourmaline cosmique, dans l'écrin noir piqué d'étoiles de l'espace. Spectacle qui suscitait en elle bien des rêveries (comment peut-on vivre sur ce monde de glace ?) puis bien des envies, lorsqu'elle a appris que le grand Aarch était là-bas pour former une nouvelle équipe de Galactik Football… Mais voilà, le rêve s'est brisé entre les mains gantées de ces policiers polis mais obtus, qui l'ont ramenée *manu militari* chez ses parents.

Ceux-ci sont assis face à Tia, raides et guindés comme la justice sur leur canapé en cuir de gnok (ce gros ruminant devenu rarissime, qui hante encore les pentes glacées des montagnes d'Akillian). À ses côtés se tient Stella, sa gouvernante, silencieuse et compatissante, elle aussi sur le banc des accusés, car c'est elle qui l'a aidée à fuir. Tia ignore comment ses parents se sont procuré une copie de cet enregistrement – sa petite supercherie, concoctée avec l'aide de Stella, qui lui a bien servi à abuser Aarch…

— Des comédiens, Tia, des comédiens ! s'écrie sa mère exaspérée. Te rends-tu compte que tu as fait passer ces gens-là pour tes vrais parents ?

— Vous ne m'auriez jamais donné l'autorisation, reproche Tia, boudeuse.

— Bien sûr que non, c'est évident ! confirme son père. Le football n'est pas une activité digne de ton rang, ajoute-t-il sur ce ton précieux sans doute fort apprécié dans les réceptions d'ambassades, mais qui a le don d'exaspérer sa fille au plus haut point.

— Tu es une fille d'ambassadeurs, Tia, tu ne dois jamais l'oublier ! renchérit sa mère.

— Ça, je risque pas ! Vous me le répétez à longueur de journée depuis que je suis née !

Le père de Tia saisit entre le pouce et l'index son menton imberbe, un tic qui se manifeste lorsqu'il éprouve une contrariété.

— Parfait, alors je suis certain que tu comprends notre position. Dans ce cas, l'affaire est close. N'en parlons plus, Tia, veux-tu ?

La jeune fille laisse éclater sa colère :

— C'est pourtant votre métier de parler, non ? Vous faites des discours à tous les peuples de la Galaxie, mais, pour moi, vous n'avez jamais le temps ! J'ai eu une conversation plus longue avec « ces gens-là », comme vous dites, que je n'en ai jamais eue avec vous !

— Tia, tu n'es pas là pour discuter, mais pour obéir ! tranche son père. Est-ce bien compris, ma fille ?

— Et puis, fais-moi plaisir, cesse de nous comparer à ces comédiens, ajoute sa mère.

— Oui, vous avez raison, mère... C'est vous faire bien trop d'honneur !

— *Tia !* rugit le diplomate en se levant d'un bloc.

— Eux au moins, ils sont passionnés !

— Tia, maintenant, ça suffit ! tance sa mère.

Les larmes aux yeux, la jeune fille sort du salon sous le regard attristé de sa gouvernante.

— Qu'est-ce que vous faites encore là, vous ? tonne l'ambassadeur. Vous n'avez rien de mieux à faire ?

— Si monsieur, pardonnez-moi, marmonne Stella qui s'éclipse à son tour.

Elle rejoint Tia dans sa chambre aussi vaste qu'un court de tennis. Celle-ci est effondrée sur les draps de satin de son lit à baldaquin, sanglotant à chaudes larmes. Stella s'assoit à ses côtés, caresse sa chevelure argentée.

— Calme-toi, Tia. Calme-toi...

— Mais tu ne comprends pas, Stella ! J'étais bien là-bas, je pouvais enfin faire ce que j'aime... (Tia se redresse vivement.) Il faut absolument que j'y retourne !

Stella pose l'index sur ses lèvres un peu grasses, gonflant ses joues rondes.

— Qu'est-ce qu'il y a ? s'enquiert Tia à voix basse.

La gouvernante porte son regard, par-dessus ses petites lunettes triangulaires, sur la statuette en jade d'un ange qui trône sur un guéridon. Intriguée, Tia s'en approche, étudie la figurine... repère bien vite l'anomalie : dans l'un de ses yeux a été enchâssée une microcaméra.

Tia en est choquée : ses parents la font surveiller comme une prisonnière ! Elle tire la langue à la caméra, lui adresse une affreuse grimace.

— Charmante, la môme des rupins, dis donc ! constate l'un des deux agents affectés au central de télésurveillance, en découvrant la grimace de Tia sur ses écrans de contrôle.

Son collègue lui tourne le dos, inspectant d'autres parties de la vaste demeure des ambassadeurs... bien que, pour l'heure, le seul écran qui attire son attention est celui d'un petit moniteur pas du tout connecté au réseau de surveillance, mais à la TTV, qui diffuse Arcadia News. Le gardien hausse les épaules.

— Bah, elle peut faire ce qu'elle veut, tant qu'elle m'empêche pas de regarder mon émission...

***

Nork Ag'net, le célèbre présentateur d'Arcadia News, a invité sur son plateau deux éminents spécialistes de Galactik Football, qui débattent doctement des chances de l'une ou l'autre équipe d'être sélectionnée pour disputer la prochaine Coupe.

— Pour moi, les Lightnings sont les favoris de la prochaine Galactik Football Cup, dit l'un. Ça ne fait aucun doute, il n'y a qu'à regarder Warren, il n'a jamais été en meilleure forme !

— Oui, mais il ne faut pas enterrer les Shadows trop vite, rétorque l'autre. Leurs derniers matches amicaux ont été remarquables !

— Et Akillian ? lance Nork avec un petit sourire en coin.

— Akillian ?! (Le spécialiste éclate d'un rire gras.) Sacré Nork, toujours le mot pour rire !

— Ils n'ont même pas de Fluide ! ricane son collègue.

— Et pourquoi pas ? Ils en ont eu un par le passé, souligne Nork de sa voix onctueuse.

— Encore faudrait-il savoir de quelle équipe on parle, remarque le second spécialiste, un petit gros à grandes lunettes carrées. Des Tigres Rouges d'Artegor Nexus, ou alors des… comment s'appellent-ils déjà ? L'équipe d'Aarch ?

— Les Snow-Kids, répond Nork.

— Oui, voilà, c'est ça. Le match qui doit les départager n'a pas encore eu lieu, que je sache. Mieux vaut attendre…

— D'ailleurs, rien ne dit qu'il aura lieu comme prévu, renchérit son collègue, un type anguleux au crâne dégarni. Aux dernières nouvelles, le stade d'Akillian est toujours prisonnier des glaces !

Nork Ag'net saisit la balle au bond, pivotant vers l'écran holo géant à côté de lui :

— Justement, tournons-nous vers la charmante Callie Mystie, en direct d'Akillian, et recueillons ses premières impressions. Alors, Callie, on ne doit parler que de ce fameux match sur Akillian, n'est-ce pas ?

Callie est apparue dans l'écran géant, son micro à la main, filmée par sa fidèle holocam volante. Derrière elle, le décor d'un club tout en verre, à peu près vide : seuls quelques fauteuils sont occupés, et trois ou quatre personnes auscultent d'un œil blasé les écrans affichant les équipes, les matches et le montant des paris. L'un des sbires de Bellow rôde d'une table à l'autre, proposant à mi-voix on ne sait quoi et recueillant le plus souvent des refus ennuyés.

— Eh bien non, pas vraiment, Nork, répond Callie. Vous savez, ici, depuis la grande glaciation, le football a beaucoup perdu de sa popularité. Je me trouve actuellement dans le temple des fans de GF, le Planet Akillian, et le moins que l'on puisse dire, c'est qu'il n'y a pas foule…

— Il paraît que des doutes planent quant au choix du stade. Qu'en est-il réellement, Callie ? interroge Nork.

— Il est vrai que la glace recouvre encore l'Arena Stadium, toutefois Aarch a promis à la Ligue qu'il serait capable d'accueillir le match de demain. Mais de toute manière, si l'on en croit les parieurs, le match est déjà joué et Aarch a de sérieux soucis à se faire, puisque son équipe est donnée perdante à 90 %, n'est-ce pas, monsieur ?

Callie se tourne vers l'homme de Bellow, lui colle son micro sous le nez.

— Euh, tout à fait, répond celui-ci d'un ton hésitant. Nous savons de source sûre que les Snow-Kids n'ont aucune chance. (Il hausse les épaules, fataliste.) D'ailleurs les supporters s'en rendent bien compte, ils n'ont même pas envie de parier…

***

Dans les profondeurs souterraines de l'Arena Stadium, Clamp, agenouillé sur le sol métallique et entouré d'un outillage divers, tape comme un sourd avec un marteau sur une espèce de boîtier – une façon fort peu délicate d'effectuer des réparations, estime Aarch qui l'observe. Tous deux sont entourés d'une imposante machinerie, composée de tuyaux, câbles, gaines, cuves et autres appareils qui s'enfoncent dans l'obscurité, écartée à grand-peine par une lampe de chantier rougeoyante.

Ayant sans doute tapé suffisamment, Clamp empoigne le boîtier à deux mains et va l'insérer dans son logement, au bas d'une colonne métallique dans laquelle une grille émet une lueur bleutée tremblotante. Après quoi le savant se dirige vers un panneau de contrôle, presse quelques touches. Rien ne se passe apparemment – en tout cas, rien de ce qu'il espérait.

— Alors, Clamp ?

Celui-ci se tourne vers son ami, les traits empreints de lassitude et de découragement.

— Mmh... Le circuit de chauffage m'a l'air complètement HS. Je suis désolé, Aarch...

— On doit y arriver à tout prix ! Je compte sur toi !

Clamp regarde Aarch quitter le local technique en frottant sa barbiche, l'air désemparé. Il essuie son front en sueur de sa main souillée d'huile de machine et se remet au travail avec abnégation.

Aarch rejoint la salle de l'holo-trainer où, dans le grand cube blanc, les Snow-Kids s'entraînent contre une équipe de sims bleus. Ahito vient d'arrêter un tir au but et, d'un shoot magistral, passe à son frère aussitôt marqué par un sim. Thran renvoie la balle à Micro-Ice, lequel, au lieu de passer à Rocket démarqué, s'amuse à dribbler un attaquant sim par une de ces pirouettes dont il a le secret – au grand dam de Rocket, qui lève un bras désabusé.

— Micro-Ice, arrête de jouer perso ! lance Aarch, qui a suivi l'action sur le moniteur de la console.

— Suffit de demander ! rétorque le remplaçant de Tia.

Assailli par deux joueurs bleus, il donne la balle à D'jok qui, aussitôt marqué, la passe à Sined. Les défenseurs sims se rabattent sur ce dernier, libérant D'jok qui, logiquement, devrait récupérer le ballon. Mais Sined s'évertue à vouloir dribbler les deux sims – dont l'un ripe devant lui pour le tacler. Sined culbute par-dessus et forcément perd la balle…

À l'extérieur de l'holo-trainer, Aarch met le jeu en pause : le ballon s'efface dans une pluie de pixels.

C'est au tour de D'jok de lever les bras au ciel. Il rejoint Sined et l'apostrophe :

— Ça t'ferait mal de faire des passes ?

— J'passe qu'à des mecs capables de marquer, rétorque Sined d'un ton méprisant, toisant D'jok de haut.

— Parce que là, t'as l'impression d'avoir marqué ?! intervient Micro-Ice en colère.

— C'est pas à toi que j'cause, Micro-Puce !

Tous trois commencent à se disputer, sous le regard exaspéré de Meï :

— Oh ! C'est pas possible, ils remettent ça !...

— Salle de débriefing dans deux minutes ! tonne la voix d'Aarch dans le ciel artificiel de l'holo-trainer.

Les sims s'effacent l'un après l'autre, puis le ciel et le terrain disparaissent à leur tour ; l'holo-trainer redevient un cube ordinaire aux parois noires, vivement éclairé. Du coup, la dispute entre les joueurs a tourné court. Ils sortent de la machine d'un pas contrit.

Deux minutes plus tard, tous sont réunis dans la salle de débriefing, munie d'un écran géant affichant les caractéristiques et performances de chacun, ainsi que différentes configurations de jeu sur un terrain virtuel. Aarch se tient dos à l'écran, qui lui confère un halo blafard. Tous l'écoutent, assis sur des banquettes ou appuyés contre des tables.

— Je tiens à vous rappeler que, si jamais on perd ce match contre les Tigres Rouges, on pourra dire adieu à la Cup ! Je ne vous cache pas que beaucoup de gens m'attendent au tournant. Tous ceux qui voient mon retour d'un mauvais œil seraient bien heureux de me voir repartir, mais je ne veux pas leur faire ce plaisir. Je veux absolument leur prouver que j'ai raison... que vous êtes capables de devenir de grands joueurs. Malheureusement, je n'ai pas le droit à l'erreur. Je sais que vous avez les capacités pour gagner ce match. Seulement, pour cela, il va falloir que vous jouiez *ensemble* – pas les uns contre les autres !

À ces mots, D'jok, Sined et Micro-Ice échangent un regard lourd de sous-entendus. Ahito – qui pour une fois ne dort pas – crée une heureuse diversion :

— Mais, m'sieur, sans Tia, on n'arrivera jamais à gagner...

— C'est vrai, ça ! renchérit son frère. Elle a le Souffle, elle. Pas nous !

— Et nous, on l'aura sûrement jamais, grommelle Sined tête basse.

— Effectivement, vous n'arriverez à rien avec une attitude pareille, constate Aarch. Il faut travailler très dur pour acquérir le Souffle, mais il est au plus profond de chacun de vous. Le réveiller va vous demander un gros effort, un effort collectif. Il va falloir vous serrer les coudes...

La porte coulissante de la salle l'interrompt, livrant passage à Clamp, sale, joyeux et plus ébouriffé que jamais.

— *Eurêka !* J'ai enfin trouvé comment déneiger le stade !

— Je crois bien que Clamp arrive à temps pour vous épargner une nouvelle séance d'entraînement, remarque Aarch avec un petit sourire en coin. Allons voir ça, Clamp.

***

Le savant a emmené tout le monde sur le toit gelé de l'Arena Stadium, devant la tour des nacelles dont, il y a quelques jours, les Pirates de Sonny Blackbones ont forcé la porte d'entrée... (Ce qui a valu à Clamp l'immense surprise de trouver ses Ferrailles en partie démontés, fait étrange qu'il a imputé à un bug de ses programmes. Il les a analysés et n'a repéré aucun bug – du moins pas celui-ci –, puis a concocté un autre programme afin que les robots encore en état réparent leurs camarades démantibulés... de manière que tous se remettent à la restauration du stade au plus vite. Aarch, lui, y a vu plutôt une tentative de sabotage de la part de Bellow et de son gang : il a songé à avertir la police, mais les nombreuses tâches qui l'ont accaparé l'ont détourné jusqu'alors de cette intention.) Clamp – toujours en chemisette malgré le froid intense, à croire que sa science le réchauffe – tient à deux mains une espèce de télécommande ayant la taille et la forme d'un ballon de rugby.

— Reculez encore un peu, ne restez pas trop près du bord… Voilà. Dans quelques heures, le terrain aura retrouvé une seconde jeunesse, vous n'allez pas en croire vos yeux ! Je me suis rendu compte qu'il fallait simplement utiliser le maillage des flexibles RT-156, mais en changeant la fréquence de radiation.

— Euh, j'ai pas tout compris, là…, dit Ahito, étouffant un bâillement.

— Laisse tomber, frangin, c'est pas grave, rendors-toi !

De là où ils sont, Aarch et les Snow-Kids ont une vue plongeante sur le terrain pris dans sa gangue de neige et de glace, quelques dizaines de mètres en dessous. Ils se trouvent sur le toit qui couvre les gradins, lesquels ne sont que cascades figées de stalactites. D'énormes langues de glace pendent également de la passerelle technique qui surplombe le terrain de part en part. Derrière eux, la tour évoque le sommet massif d'un iceberg, et les passerelles donnant accès aux entrées, loin en dessous, sont de vraies patinoires. Alentour, les immeubles d'Arcadia ont l'air de tranches de banquise plongeant dans des profondeurs enneigées.

D'un geste théâtral, Clamp tape un code sur sa télécommande.

Des éclairs livides fusent dans les superstructures, courent sur les passerelles, le long des câbles gelés, au bord du toit, sur les arêtes de la tour… dans un concert de craquements et de crépitements laissant croire que le stade tout entier est devenu un gigantesque transformateur en surcharge ! Partout où fulgurent les éclairs, les stalactites se brisent, la glace se craquelle, la neige se sublime en vapeur. Bientôt des torrents d'eau chargée de glaçons se mettent à dégouliner le long des gradins, tandis qu'une brume épaisse monte du terrain. Ici et là – notamment dans les sommités plus fines de la tour et de la passerelle technique –, l'architecture métallique commence déjà à apparaître.

Trempés par la brume, les Snow-Kids poussent des cris de joie. Micro-Ice essaye de s'approcher du bord du toit pour voir ce qui se passe sur le terrain, mais Aarch le retient d'une main ferme.

— Recule, Micro-Ice, c'est dangereux ! Ce n'est pas le moment de perdre un de mes meilleurs joueurs !

— Aarch a raison, opine Clamp. D'ailleurs, on ne devrait pas rester là. Ce toit va devenir sous peu une vraie patinoire !

En effet, la glace se fissure sous leurs pieds et une mince pellicule d'eau commence à la recouvrir, comme si elle se mettait à transpirer. Clamp pousse tout le monde vers la porte de la tour et les ascenseurs.

— Retournons dans les sous-sols, normalement ils ne devraient pas être inondés…

— Tu en es bien sûr, Clamp ? demande Aarch avec inquiétude.

— À 99 %. D'après mes calculs, le processus de fonte sera assez progressif pour ne pas engorger les orifices d'évacuation. D'ici à une dizaine d'heures, toute la neige et la glace devraient avoir fondu ; si les installations techniques du stade n'ont pas été trop endommagées, mes Ferrailles pourront les reconnecter rapidement...

— J'espère que tes calculs sont justes, Clamp. Car c'est demain après-midi que nous devons affronter les Tigres Rouges... et j'ai déclaré à la Ligue que nous jouerions dans l'Arena Stadium !

14. Avant le match

Le soir venu, seul dans la chambre qu'il partage avec Sined, Rocket étudie sur une console (mise à sa disposition par Clamp) le dernier match des Tigres Rouges contre les Rykers. Ralentis et arrêts sur image à l'appui, il note de quelle façon les terribles joueuses au Cri de Métal ont dominé, laminé, éliminé la pauvre équipe d'Akillian. Il remarque tel coup de tête, telles passes, tel tir centré, telle trajectoire du ballon… et les trous, manques et déficiences dans la défense akillienne.

Concentré, il n'entend plus le vaste bruit d'écoulement qui résonne autour de lui et dans tout l'Arena Stadium, ces milliers de tonnes de glace que les flexibles RT-156 et leur fréquence de radiation ont fait craquer et fondre, qui se déversent de tous les orifices d'évacuation en torrents impéteux, dévalant les rues pentues d'Arcadia pour aller s'engloutir dans les failles des Plateaux Venteux ou former de nouveaux lacs de glace… Clamp avait raison : les sous-sols sont bien étanches, tout au plus Rocket ressent-il un froid humide qui lui tire parfois des frissons.

Après avoir peaufiné dans sa tête la meilleure façon de présenter ce qu'il pense des défauts des Tigres Rouges, il se campe devant le miroir en pied de la chambre et se lance :

— Monsieur, j'ai bien analysé les derniers matches des Tigres Rouges et je crois avoir trouvé une faille exploitable dans leur dispositif défensif. N'allez surtout pas croire que je veux votre place, mon oncle… (Il s'interrompt.) Mon oncle ? répète-t-il avec une moue dubitative. Ouais, t'as raison, Rocket… si tu veux foncer droit dans le mur, appelle-le mon oncle !

Il retourne s'asseoir devant la console, la tête

dans les mains, ses lèvres bougeant muettement, ruminant dans sa tête le discours parfait qu'il veut – doit – présenter à Aarch. Heureusement que Sined est parti draguer en ville...

Pendant ce temps, dans la chambre contiguë, D'jok fait les cent pas devant Micro-Ice allongé sur son lit. Lui, c'est un autre discours qu'il tient, bien plus exalté :

— Tu crois qu'on peut gagner, Micro-Ice ? Ouais ! On peut gagner. Il *faut* qu'on gagne. Sinon, ce sera la fin de l'aventure. T'as entendu Aarch comme moi : c'est notre seule chance de faire quelque chose de grand... Je suis sûr que j'ai ça en moi. Ce destin hors du commun qui m'attend, c'est dans le foot qu'il va se réaliser ! Ça peut pas s'arrêter là, c'est pas possible. Tu m'entends, Micro-Ice ?

Celui-ci se redresse, ôte de ses oreilles une paire de minuscules écouteurs dans lesquels grésille une musique – sûrement Freeze, dont il est fan.

— Qu'est-ce qu'il y a ? Tu me disais quelque chose ?

— Non, non, soupire D'jok. Je parlais aux murs, t'inquiète...

— En tout cas, c'était pas aux murs

qu'Aarch parlait quand il a dit ça, relève Micro-Ice, rêveur.

— Quand il a dit quoi ?

— Qu'il voulait pas perdre un de ses meilleurs joueurs. C'est bien à moi qu'il s'adressait, hein, D'jok ?

— J'en sais rien, j'ai pas entendu. Le meilleur, de toute façon, c'est moi. (Il se frappe la poitrine.) Je le sais, je le *sens*, je le prouverai !

Mais Micro-Ice ne le capte plus. Les écouteurs de nouveau dans les oreilles, il se rallonge sur son lit en répétant avec un sourire béat :

— Un de ses meilleurs joueurs…

Aarch est lui aussi en train de travailler dans son bureau, dont les baies vitrées reflètent son visage penché sur son écran, où évoluent diverses configurations de jeu. Sous les grandes dalles de verre du sol, un torrent chargé de morceaux de glace dévale tumultueusement la rue en pente… Ce sourd grondement liquide ne l'empêche pas d'entendre les coups frappés – discrètement pourtant – à sa porte.

— Oui ? lance-t-il en se levant.

Réagissant à sa voix, la porte coulisse… sur Rocket, qui demeure sur le seuil, tout intimidé.

— Je ne vous… je ne vous dérange pas… monsieur ?

— Non, pas du tout, sourit Aarch, qui l'invite d'un geste du bras. Entre, je t'en prie, je voulais justement te parler.

— Ah bon, c'est vrai ?

— Oui, approche ! (Le garçon fait quelques pas dans la pièce, s'immobilise sur une dalle de verre.) Rocket, j'ai l'impression que tu as du mal à t'intégrer au groupe, reprend Aarch. Tu parles rarement aux autres… Il y a un problème ?

— N-non, monsieur. C'est juste qu'ils se connaissent tous depuis longtemps… C'est pas si facile. Et puis je me dis qu'ils ont deviné, si ça se trouve…

— Deviné quoi, Rocket ?

— Que, euh… que je suis votre neveu, monsieur…

Aarch se détourne afin de masquer son exaspération : ce garçon est si timide, il ne doit pas le bloquer par une attitude agressive.

— Ici, tu n'es pas mon neveu, Rocket, déclare-t-il à la baie vitrée. Tu es juste un joueur comme les autres.

— Bien entendu, monsieur.

Aarch fait de nouveau face à son interlocuteur.

— Sinon, avais-tu quelque chose de particulier à me dire ?

— Non… non monsieur, se récrie Rocket en levant les mains. Rien… Rien du tout. Je vais aller me coucher, je suis fatigué. Bonne nuit, monsieur.

Il s'éclipse presque avec précipitation. Aarch se rassoit à son bureau et contemple la porte close, le menton dans la main. « Ce garçon, réfléchit-il. Un joueur brillant, un passeur exceptionnel, mais nul au niveau contact humain. Mon frère l'a élevé comme une fleur en pot. Il a tout à apprendre… en dehors du foot. »

Seule dans sa chambre – et plutôt contente de l'être –, à plat ventre sur son lit, Meï feuillette avec délice les pages *people* de son téléjournal favori, *Stars*, quand une ombre vient soudain s'étendre sur elle.

Elle fait brusquement volte-face en poussant un cri d'effroi.

Ce n'est que Rocket, qui la dévisage de toute sa hauteur. Meï s'assoit au bord du lit, vexée de sa propre frayeur.

— T'es malade ou quoi ? Tu m'as fait une de ces peurs, je te jure !

— La porte était ouverte, alors je…

Rocket s'interrompt, ne sachant que dire pour justifier son intrusion.

— Attends un peu… T'es en train de me dire que tu te sens obligé d'entrer chez les gens à chaque fois que tu vois une porte ouverte ?

— Non, c'est juste que… Enfin, je voulais savoir si… euh… Je voulais te demander si tu avais des nouvelles de… de Tia.

— Et pourquoi est-ce que j'en aurais, d'abord ? lance Meï d'un ton soupçonneux.

— Ben…, hésite Rocket, décontenancé. Vous partagiez la même chambre… Alors, je me suis dit que, peut-être…

— Parce que tu crois qu'elle me faisait des confidences ? Tia ? J'ai jamais vu quelqu'un d'aussi secret que cette fille-là !… À part toi, peut-être…, ajoute Meï avec un demi-sourire.

Ne sachant comment prendre cette dernière phrase, Rocket se détourne pour quitter la pièce. Au passage, il coule un regard chargé de tristesse au lit qu'a occupé Tia – net et vide…

Dans son dos, Meï renchérit :

— Franchement, je ne vois vraiment pas ce qu'il y a de mal à parler de soi… Moi, j'aime quand on parle de moi !… En bien, évidemment, précise-t-elle un ton plus bas, au moment où Rocket franchit le seuil.

***

Le même soir, tranquillement couchée dans son grand lit à baldaquin, Tia paraît sur le point de s'endormir. Dans la pénombre de la vaste chambre, contre les lambris, derrière la statue de l'ange, sa gouvernante Stella l'interpelle à mi-voix :

— Tia, tu es sûre que cette ruse avec la caméra va marcher ?

— Mh-mh, répond-elle, en s'efforçant de ne bouger aucun muscle de son visage.

— C'est bien le bouton vert ?

— Mh-mh, répète Tia, paupières closes.

Stella se penche avec précaution sur la statuette, presse le bouton vert PLAY de la caméra de Tia, fixée avec de l'adhésif sur l'épaule de l'ange. Un mince fil en part, qui disparaît sous le guéridon sur lequel est posée la statue.

— Bonne nuit, Stella, dit Tia en ouvrant les yeux.

— Bonne nuit, Tia… ou plutôt bon voyage…

Sitôt sa gouvernante sortie de la chambre, Tia se glisse hors du lit et s'empresse d'aller vérifier si tout marche bien. La micro-cam espion insérée dans l'œil de l'ange fonctionne toujours – mais à vide. Sous le guéridon, un minuscule boîtier de transmission est collé à la tablette marquetée. Il est affublé d'une dérivation à laquelle sont connectées les deux caméras : celle du central de télésurveillance et celle de Tia. Dans cette dernière ont été enregistrées trois heures de son sommeil, à présent diffusées en boucle sur les écrans de contrôle. Tia peut ainsi vaquer à ses occupations à l'insu des surveillants…

C'est le mari de Stella, qui travaille comme technicien dans la télésurveillance, qui a eu cette brillante idée. Au début, Tia avait pensé simplement débrancher la caméra, mais les gardiens seraient venus voir, auraient installé un autre système plus discret. Elle a confié son problème à Stella – comment quitter cette cage dorée sans se faire remarquer ? –, qui en a parlé à son mari… Et voilà : profitant de la pause de midi des agents, Tia a subrepticement introduit le technicien dans sa demeure. Il en a eu pour dix minutes à débrancher la micro-cam espion, installer la dérivation et la caméra de Tia, et reconnecter l'ensemble.

Plus qu'à espérer maintenant que le transfert d'une caméra à l'autre s'est opéré sans heurt et que les gardiens n'y ont vu que du feu. Tia attend quelques minutes, sur le qui-vive, guettant d'éventuels bruits de pas vers sa chambre… Silence.

Rassérénée, elle ouvre un grand placard aux portes sculptées, en sort un sac à dos et se met à y fourrer quelques affaires en vrac. Fuir à l'insu du système de télésurveillance n'est pas un problème : elle l'a déjà fait une fois, en passant par les gaines de climatisation de la résidence, assez larges pour qu'elle puisse s'y glisser en rampant, souple, fine et menue comme elle est. Toutes les entrées de la demeure des diplomates sont surveillées, mais pas la bouche d'aération où aboutit la gaine…

Une fois rendue à l'astroport, elle dispose d'un nouveau plan bien meilleur que le précédent : plutôt que de voler une navette diplomatique (ce qui, fatalement, a été remarqué), elle s'en remet encore au mari de Stella, qui connaît bien un pilote de navette-taxi. Moyennant une poignée de crédits supplémentaires (dont Tia n'est pas privée, heureusement), celui-ci a accepté de la descendre sur Akillian incognito...

« Cette fois, je vais réussir », jubile-t-elle en bouclant son sac. Avant de quitter la pièce, elle adresse un petit signe d'adieu ironique à la micro-cam espion qui continue de filmer pour rien...

Dans le central de télésurveillance, l'agent chargé de veiller sur Tia dort à moitié, vaincu par cette image statique de la jeune fille aux yeux clos, la tête enfoncée dans son oreiller. Un moment, une sorte d'éclair parasite a traversé l'écran, qui l'a fait sursauter, mais il n'est pas certain de l'avoir bien vu et, comme ça ne s'est pas renouvelé, alors...

Son collègue lutte lui aussi contre le sommeil – les ambassadeurs sont absents comme (presque) toujours, et contempler ces grandes pièces désertes est d'un ennui mortel... – quand son attention est attirée par un voyant rouge qui clignote sur un moniteur affichant un plan technique de la villa. Étouffant un bâillement, il touche le voyant rouge afin d'obtenir des précisions. « Élément inconnu obturant la gaine de climatisation 72 B », l'informe le moniteur.

Le surveillant hausse les épaules : bah, ce n'est pas son rayon. Il se contente de rédiger une note de service à l'attention des agents d'entretien : ils iront nettoyer ça demain…

***

Le lendemain matin, Aarch assiste à un rendez-vous auquel il ne peut déroger : la traditionnelle poignée de main entre les entraîneurs des équipes adverses, chacun assurant à l'autre un match honnête, dans les règles de l'art et du fair-play. À ce rendez-vous – qui se tient sur le parvis de marbre de l'imposant immeuble de la Fédération d'Akillian – assistent quelques journalistes locaux (mais, curieusement, pas l'incontournable Callie Mystie), Addim, la présidente de la Fédération, et un invité de marque : Massimo Spoto, vice-président de la Commission d'Homologation de la Ligue, venu s'assurer que le match se déroulera dans les conditions requises par les règlements officiels.

Spoto a le sourire, il est serein et détendu : la confortable mallette de crédits reçus de la main du général Bleylok lui permet d'envisager son propre avenir avec insouciance, et celui des Snow-Kids avec une certaine confiance. L'équipe d'Aarch ayant été homologuée à la quasi-unanimité (Bleylok a dû arroser large...), restait maintenant à valider le terrain de cette rencontre éliminatoire : Snow-Kids contre Tigres Rouges.

C'est chose faite depuis ce matin : en compagnie d'Addim, Spoto a visité l'Arena Stadium, qu'il a trouvé, contre toute attente, libéré des glaces. Un bataillon de robots hétéroclites s'affairaient, dans un tohu-bohu bien ordonné, à remettre en service les équipements techniques. Le professeur Clamp l'a assuré que tout serait fin prêt pour le match de l'après-midi, et Spoto n'a rien constaté qui aurait permis de mettre sa parole en doute. (D'autant plus que Bleylok l'a averti que ce match *devait* se dérouler dans un stade agréé par la Technoïd, faute de quoi leur « arrangement » devenait caduc...) Bien entendu, Artegor Nexus aurait préféré que la rencontre se déroule sur le terrain des Tigres Rouges, amateur mais conforme aux normes ; toutefois Nexus n'est pas encore président de la Ligue et c'est Spoto qui détient le pouvoir de décision.

Artegor connaît Spoto depuis longtemps et Aarch l'a vu ce matin à l'Arena, mais, pour les journalistes en train d'enregistrer, Addim refait les présentations :

— Monsieur Spoto est le représentant envoyé par la Ligue. Il veillera à ce que tout se déroule selon les règles de la Galactik Football Cup… afin qu'il n'y ait aucune contestation possible quant au résultat de ce match.

Spoto serre la main d'Aarch puis d'Artegor en déclarant :

— Chers messieurs, je n'ai qu'une seule chose à vous dire : donnez-vous à fond et que le meilleur gagne !

— Les meilleures places vont aux meilleurs, souligne Artegor. Et le meilleur ne peut être que moi…

— Je vois que tu n'as pas changé, Artegor : ce n'est pas la modestie qui t'étouffe, remarque Aarch avec un sourire en coin.

— La modestie est l'orgueil des gens médiocres.

— Eh bien, ma chère, dit Spoto à Addim, c'est un match qui promet, on dirait. On ne risque pas de s'ennuyer !

— Allez, vous deux, serrez-vous la main…, enjoint Addim.

Aarch et Artegor se regardent en chiens de faïence, aucun ne se décide à faire un pas vers l'autre. Les journalistes attendent, le pouce sur le bouton d'enregistrement de leurs caméras.

— Vous m'avez entendue ? s'impatiente Addim. J'ai dit *serrez-vous la main !*

Avec réticence, tous deux avancent chacun d'un pas, leurs mains se tendent à contrecœur, se joignent brièvement, s'écartent, sous le ronronnement des caméras qui immortalisent l'événement.

— Eh bien voilà ! s'exclame Addim. Voyez, ce n'était pas si difficile !

— En effet, répond Aarch en souriant. Le plus dur reste à faire…

— T'écraser ne sera pour moi qu'une formalité, se vante Artegor.

***

L'instant décisif approche. Les Ferrailles ont tiré les derniers câbles, effectué les ultimes connexions, vérifié tous les appareils : nacelles des entraîneurs, capteurs, bornes-arbitres, filets électromagnétiques, écrans de comptage… Le stade goutte – plic-ploc plic-ploc –, humide et vide, en attente.

Dans les vestiaires en sous-sol, les Snow-Kids se préparent, enfilent leurs maillots, chaussent leurs crampons, fixent leurs protections, amorcent quelques mouvements d'assouplissement. Tous tirent une tronche de six pieds de long, comme s'ils partaient vaincus d'avance. Tous sauf Micro-Ice, qui essaye de secouer la morosité générale :

— C'est quoi c't'ambiance, là ? On va pas à un enterrement !

— Si, malheureusement, réplique Thran. Au nôtre…

— Relax, quoi ! insiste Micro-Ice. C'est rien qu'un match de foot après tout…

— C'est pas « un » match, c'est LE match ! profère D'jok d'un ton grave.

Sur ces entrefaites arrive Dame Simbaï, apportant des serviettes fraîchement repassées. Thran l'interpelle :

— Dame Simbaï, vous n'auriez pas un truc pour les jambes en coton, s'il vous plaît ? Une pommade ou quelque chose dans le genre… Je sais pas trop ce qui m'arrive…

— Bien sûr, Thran, sourit-elle. Je vais te trouver ça tout de suite.

— Pour moi aussi, madame, lance Meï d'une petite voix.

— Et moi c'est pareil ! renchérit D'jok.

— Moi, c'est au bras que j'ai mal..., se plaint Ahito.

— Et moi, c'est à la tête, se manifeste Rocket.

Dame Simbaï écarte les bras en un geste de compréhension.

— Pas de problème, les Snow-Kids. Je vais préparer quelque chose pour vous... contre le trac.

Quelques minutes avant le coup d'envoi – après que tous ont avalé la potion magique de Dame Simbaï contre le trac, à base de plantes wambas –, Aarch, accompagné de Clamp, vient regonfler le moral de son équipe :

— Si je vous ai choisis parmi tant d'autres, c'est parce que je crois en vous. N'oubliez jamais ça. Je crois en votre collectif... en vous tous. Donnez le meilleur de vous-mêmes ! Donnez tout ce que vous avez ! Je ne veux pas que vous puissiez regretter une seule minute de ce match. Bon, trêve de discours... Le terrain n'attend plus que vous, allez !

Rocket lève un doigt hésitant :

— Mon… euh… monsieur, je-je peux dire quelque chose ?

— Ben ça alors ! Ce mec sait parler ? glisse en aparté Micro-Ice à D'jok.

— Oui, Rocket, qu'y a-t-il ? l'encourage Aarch.

— C'est-à-dire que… euh… eh bien, euh… j'ai…, bafouille Rocket, avant de pouvoir se lancer. Ça fait plusieurs jours que je regarde en boucle les derniers matches des Tigres Rouges et j'ai remarqué une faille dans leur défense…

Aarch sourit et croise les bras.

— Dis-moi, Rocket, tu ne serais pas en train d'essayer de me piquer mon boulot, par hasard ?

Ce dernier baisse la tête en rougissant.

— Non… bien sûr que non, monsieur. Je… je vous prie de m'excuser.

— Rocket, je plaisantais !… Vas-y, on t'écoute.

Rasséréné, celui-ci parvient à débiter son argument presque sans bégayer :

— Bon, je vous explique… Je me suis rendu compte que plus de la moitié des buts encaissés par les Tigres Rouges étaient marqués de la tête sur un centre en hauteur. Leur défense centrale est nulle dans le jeu aérien. Alors j'ai pensé qu'on pourrait tenter d'exploiter cette faiblesse...

— Très bonne remarque, approuve Aarch. Vous avez entendu, vous autres ? Tenez-en compte dans vos attaques. Jouez en hauteur devant les buts adverses !

— À mon avis, Aarch, sourit Clamp, ce jeune homme mérite amplement de te piquer ta place !

Le compte à rebours annonçant « moins une minute », les joueurs quittent les vestiaires pour rejoindre le terrain. Dans le couloir, D'jok, un peu plus détendu grâce à la potion de Dame Simbaï, se permet ce commentaire :

— Non seulement il parle, mais en plus il se la pète ! Un peu comme toi, Sined...

— Qu'il se la pète ou pas, on va perdre de toute façon. L'important, c'est de se montrer. On sait jamais, un autre club pourrait me recruter...

— Ce que j'aime chez toi, Sined, c'est ton formidable esprit d'équipe ! raille D'jok.

Derrière eux suit Meï, talonnée par Micro-Ice, qui lui annonce :

— T'inquiète surtout pas, Meï : je serai jamais loin de toi pendant le match.

Elle se retourne vivement, sourcils froncés :

— C'est justement ce qui m'inquiète, figure-toi !

Micro-Ice en reste coi. Il est dépassé par les deux frangins silencieux. Rocket ferme la marche, soudain rappelé par son oncle :

— Rocket !

— Oui, monsieur ?

— Tiens…

Aarch lui tend un brassard rouge. Rocket ouvre de grands yeux.

— Qu'est-ce que c'est ?

— Le brassard de capitaine. Il en faut bien un dans l'équipe, pas vrai ?

Avec un sourire émerveillé, Rocket l'enfile sur son bras. Il cherche à balbutier des mots de remerciement, mais Aarch le pousse en avant :

— Allez, va rejoindre tes coéquipiers. Tu me remercieras plus tard.

Le nouveau capitaine des Snow-Kids s'éloigne, tout ragaillardi – se retourne encore en haut de l'escalier :

— Monsieur, vous croyez que mon père sera dans les tribunes ?

— L'important, c'est ce qui se passe sur le terrain. Pas dans les tribunes.

— Vous avez raison… mon oncle, ajoute Rocket avant de dévaler les escaliers en courant.

15. Snow-Kids contre Tigres Rouges

Rocket éprouve un violent frisson lorsque le grand rond central, au-dessus de sa tête, s'ouvre en deux le long de la ligne médiane sur le ciel blanc-bleu d'Akillian. Tandis que chaque demi-cercle se rétracte en coulissant sous la pelouse, et que la plate-forme destinée à prendre leur place se hisse avec des grincements métalliques, il lève les yeux vers l'équipe des Tigres Rouges qui fait face à la sienne. Casqués, masqués, sanglés dans leurs uniformes rouge et noir, ils semblent invincibles

– bien loin, en tout cas, du folklore coloré des Wambas. Face à eux, sa propre équipe lui apparaît comme un ramassis de gamins des rues d'Arcadia-Nuovo qui, hier encore, tapaient dans des ballons en plastique sur des terrains tracés à coups de talons dans la neige des Plateaux Venteux... Son brassard rouge de capitaine lui confère une responsabilité trop soudaine, qu'il ne se sent pas encore prêt à endosser. Surtout à l'orée d'un match de qualification tel que celui-ci, où la seule alternative est vaincre ou périr.

La plate-forme se bloque au niveau du terrain avec force claquements de vérins. Rocket s'attend à ce qu'éclate l'ovation du public – mais c'est un silence mortel qui accueille les deux équipes. Un silence ponctué par les grésillements des rampes de projecteurs qui s'allument tout autour du stade... et révèlent dans leur blancheur blafarde la vérité toute nue.

Il n'y a personne.

Les gradins, déserts, dégoulinent de leurs restants de stalactites. Des congères résistantes s'amoncellent encore çà et là.

Ça leur fait un choc, aux Snow-Kids : ils pensaient qu'au moins leurs parents, leurs amis, leurs supporters seraient venus les soutenir en direct, quitte à se mouiller les fesses sur les gradins pas totalement dégelés. D'accord, le match est retransmis en direct sur Arcadia News – Callie Mystie l'a promis en tout cas –, mais jouer dans un stade vide, ça fait quand même tout drôle... Quant aux Tigres Rouges, impassibles sous leurs masques, comment savoir ce qu'ils en pensent ? Ne reste qu'à espérer qu'ils sont tout aussi désorientés...

Tandis que les nacelles des entraîneurs montent à grands ferraillements le long des rails de la tour, les Snow-Kids vont occuper leurs postes respectifs sur l'immense pelouse, d'un vert trop vif pour être naturel : en effet, « l'herbe » est artificielle, truffée de capteurs qui enregistrent en permanence la position et les déplacements de chaque joueur, les impacts, rebonds et trajectoires du ballon, la configuration du jeu dans son ensemble... Données essentielles transmises en temps réel aux bornes-arbitres, sur la touche, qui permettent à celles-ci d'établir immédiatement s'il y a faute ou non.

Les pas des Snow-Kids sont lourds sur la

pelouse, ils leur paraissent résonner lugubrement dans le silence.

Pourtant leurs familles, leurs amis, leurs supporters les regardent : la plupart sont réunis non pas au Planet Akillian – le club de foot presque aussi désert que l'Arena Stadium – mais à la Cafétéria, le bar favori des nouveaux espoirs d'Akillian. Ils sont tous là, verre en main ou sur la table, les yeux rivés à l'écran géant ou aux moniteurs disséminés çà et là. Même Norata est venu, lui qui n'a plus jamais remis les pieds dans un bar depuis sa retraite au milieu de ses serres. Seule Gaïl, la mère de Micro-Ice, qui a fort à faire pour abreuver tout ce monde, n'a pas le temps de suivre comme les autres les dernières secondes du compte à rebours qui s'égrènent sur les quatre écrans géants suspendus sous la passerelle technique.

Dans les nacelles, Aarch d'un côté et Artegor de l'autre ont eux aussi les yeux fixés sur ces ultimes secondes. Aarch paraît telle une statue de marbre, Artegor affiche une ombre de sourire méprisant, mais ses doigts qui tapotent le bord de son tactile trahissent sa nervosité.

Un cri général s'élève dans la Cafétéria au

moment où le compteur affiche 0. Norata se lève, jette sa monnaie sur la table et quitte le bar, alors que le ballon jaillit comme une fusée du trou central.

***

C'est D'jok qui récupère la balle et la passe aussitôt à Sined qui, perso comme toujours, essaye de dribbler l'ailier qui le marque. Il se fait piquer le ballon par son adversaire qui le passe à un attaquant, lequel est taclé sans succès par Thran. Balle au pied, le Tigre Rouge fonce vers les buts… mais rencontre Meï sur son chemin, qui ne le lâche pas d'une semelle et parvient à lui subtiliser le ballon.

— Les ailes ! Passez par les ailes ! vocifère Aarch dans son micro, du haut de sa nacelle.

Message reçu cinq sur cinq par les Snow-Kids. La balle lui collant au pied comme si elle était enduite de glu, Meï parvient à dribbler plusieurs joueurs adverses et à ramener le jeu dans le camp des Tigres Rouges. Mais leurs défenseurs viennent se concentrer sur elle, l'obligeant à tirer pour dégager la balle.

— En l'air, Meï, en l'air ! lui rappelle Rocket, démarqué mais trop en arrière.

Meï choisit D'jok, en bonne position de shooter vers les buts bien que lui soit marqué. Elle tire… trop bas. Le Tigre Rouge intercepte la balle, la passe immédiatement en un tir bien ajusté – et la contre-attaque est lancée, fulgurante.

Par un jeu de passes sans défaut, les Tigres Rouges parviennent rapidement devant les buts défendus par Ahito, séchant tous leurs adversaires.

— Tirez, bon sang ! rugit Artegor dans sa nacelle.

L'attaquante ne se le fait pas dire deux fois. Elle shoote dans le ballon qui, en une belle trajectoire lobée, frôle les doigts gantés d'Ahito qui a bondi vers lui et s'enfonce dans les filets en une splendide lucarne…

1-0 pour les Tigres Rouges.

Étalé dans la pelouse synthétique, Ahito contemple d'un air navré le ballon qui se désintègre à quelques centimètres de ses yeux… tandis que là-bas, au centre du terrain, l'équipe d'Artegor se congratule, saute en l'air, se tape sur l'épaule. L'attaquante qui a marqué le but réunit le majeur et l'index en forme de pistolet et fait semblant de tirer sur Ahito… Sous le masque, son sourire méprisant en dit long sur ce qu'elle pense de ses adversaires.

Dans la Cafétéria, c'est la consternation. Des « oh », des « ah », des « ben merde alors » fusent de toutes parts. La mère de Thran et d'Ahito secoue son mari affalé sur la banquette :

— Réveille-toi, Diran ! Ton fils vient de se prendre un but !

Diran entrouvre un œil, se met à triturer sa fine moustache.

— Réveille-moi plutôt quand Thran en aura marqué un, tu veux ?

— Les Tigres Rouges viennent d'ouvrir le score après neuf minutes de jeu ! commente Callie Mystie pour Arcadia News. C'est mal parti pour les Snow-Kids…

Chaque équipe s'est remise en place. Le ballon jaillit du trou central et de nouveau D'jok l'intercepte, l'envoie direct dans les pieds de Rocket qui tire aussitôt en direction de Micro-Ice. Mais celui-ci, serré par un adversaire plus grand que lui, se fait faucher le ballon par un arrêt de la poitrine. Le Tigre Rouge part *illico* à l'attaque, coursé par Micro-Ice.

— Plus de percussion, bon sang ! crie Aarch, levant les poings au ciel. On n'est plus en match amical, là !

Thran, qui a bien capté le message, se rue sur l'attaquant poursuivi par Micro-Ice, s'allonge devant lui et, en un tacle magistral, lui fauche le ballon qui atterrit dans les pieds de Micro-Ice. Lequel le repasse de suite à D'jok démarqué, mais un Tigre Rouge lui fonce dessus : sans l'attendre, il donne la balle à Sined.

— Voilà ! C'est ça ! Exactement ! Musclez votre jeu ! approuve Aarch dans sa nacelle.

D'jok s'attend à jouer en une-deux avec Sined afin que tous deux parviennent devant les buts adverses en leurrant les défenseurs, mais Sined ne l'entend pas de cette oreille : de nouveau, il fonce en solo, balle au pied, ignorant D'jok qui lève les bras au ciel, exaspéré. Il parvient à dribbler un arrière tigre rouge mais perd la balle que récupère aussitôt l'imposant gardien, lequel tire une puissante chandelle… Le ballon percute la passerelle technique, d'où il retombe dans une pluie de neige et de glace.

Il est réceptionné par la même attaquante qui a marqué le premier but. Elle feinte Thran sans aucun mal et parvient seule devant les cages, face à Ahito sur la défensive. Pensant qu'elle va shooter en lucarne comme la première fois, il bondit dès qu'il voit son pied prendre son élan... Mais elle ne tire pas – c'était une feinte : tandis qu'Ahito se ramasse par terre, elle pousse gentiment le ballon dans les filets...

2-0 pour les Tigres Rouges.

Même allégresse, mêmes doigts tendus vers Ahito, même sourire méprisant. Rocket assiste à tout cela tête basse. Il songe qu'il fait un bien piètre capitaine... même pas capable d'assurer une défense correcte – sans parler d'une attaque réussie.

Dans la Cafétéria, la consternation fait place à la lassitude. Certains visages commencent à se détourner des écrans, quelques supporters gagnent la sortie : à quoi bon assister plus longtemps à l'écrasement des Snow-Kids ?

— Pas étonnant qu'ils soient menés au score, commente la mère de Meï d'une voix forte et acariâtre. Ils ne font quasiment jamais de passes à Meï !

Son mari – petit homme gris effacé derrière ses grosses lunettes fumées – se tasse sur lui-même et pose un doigt sur ses lèvres.

— Pas si fort, chérie. Tu vas nous faire remarquer, voyons !

— Et alors ?!

En apportant un verre de jus de fruits à Maïa, Gaïl avance cette suggestion :

— On devrait peut-être aller au stade... pour les encourager !

— Tout le monde ici pense encore que le stade est maudit, explique Maïa. Personne n'est prêt à y retourner. Et puis ça ne changera pas grand-chose d'y aller, tu sais...

— De toute façon, ils savent qu'on les regarde, intervient un supporter, levant les yeux vers l'écran géant dans lequel une nouvelle action est engagée.

En jonglant avec la balle comme il sait si bien le faire, Micro-Ice est parvenu à feinter un ailier Tigre Rouge et, libéré, se sent parti pour une belle échappée en avant – quand Sined vient tout bonnement lui piquer le ballon.

— Hé ! On peut savoir c'que tu fabriques ?

— Laisse faire les pros, Micro-Naze ! lance Sined qui reprend l'attaque à son compte et détale balle au pied.

Sidéré, Micro-Ice prend son adversaire à témoin :

— Non mais t'as vu ça ?

Le Tigre Rouge écarte les bras, compatissant, puis s'élance à la poursuite de Sined. Celui-ci dribble un défenseur, puis deux et, parvenu seul devant les buts, shoote de toutes ses forces. Tellement fort en fait que le ballon part en boulet de canon largement au-dessus des cages, passe même au-dessus du filet de touche, va percuter le toit de l'Arena Stadium en provoquant une pluie de givre et retombe en rebondissant dans les gradins… où il s'efface. Le goal des Tigres Rouges qui s'était mis en position de bloquer cette fusée exécute une petite danse ironique. Les deux défenseurs se moquent ouvertement de Sined, tendant le pouce vers le bas comme dans les jeux du cirque romains, geste qui signifie « À mort le gladiateur ».

— Chapeau, monsieur le pro ! persifle Micro-Ice.

Sined fait carrément la gueule, les yeux fixés vers l'endroit où a disparu le ballon, comme si celui-ci lui avait fait faux bond, avait refusé de collaborer au but magnifique qu'il aurait dû marquer.

Une nouvelle balle se matérialise dans les pieds du gardien, qui dégage loin devant en un tir puissant. Arrêtée de la tête par un ailier, elle est aussitôt transmise à l'autre ailier qui bondit par-dessus le tacle de Thran et, d'une longue passe bien ajustée, envoie la balle à l'attaquante vedette des Tigres Rouges. Celle-ci ne prend même pas la peine de l'amortir : en un magnifique tir retourné, elle l'expédie droit dans les buts. Vif comme l'éclair, Ahito bondit… la manque de nouveau d'un cheveu : pour la troisième fois, la balle va s'écraser au fond des filets…

3-0 pour les Tigres Rouges.

***

Dans les vestiaires, pendant la mi-temps, les Snow-Kids n'en mènent pas large : non seulement ils sont épuisés et démoralisés par le jeu très agressif des Tigres Rouges, mais en plus ils ont le sentiment de ne pas avoir donné « le meilleur d'eux-mêmes » comme l'avait demandé leur entraîneur…

Ce qu'Aarch confirme, d'une voix d'abord sourde, qui enfle peu à peu sous l'effet de la colère :

— Je n'en reviens pas. C'est comme si vous aviez oublié tout ce que Clamp et moi vous avons appris. Toutes ces heures d'entraînement, toutes ces combinaisons répétées inlassablement, tout ça pour quoi, hein ? Il faut vous réveiller ! Parce que sinon, on peut tout de suite dire adieu à la Cup et rentrer à la maison sans même jouer la seconde mi-temps ! Mais peut-être que vous ne méritez pas d'y participer... Quant à toi, Sined, je te préviens, si tu continues à la jouer perso de cette façon...

— Qu'est-ce que vous allez faire ? le coupe Sined d'un ton rogue. Me sortir du terrain peut-être ? Et me remplacer par qui, hein ?

— Pourquoi pas par moi ? retentit une voix fluette dans le dos d'Aarch.

— Tia ! s'écrie Rocket, levant une tête illuminée d'un grand sourire.

C'est bien elle en effet, apparue comme par miracle à la porte des vestiaires, revêtue de sa tenue de footballeuse portant le numéro 4. Aarch non plus n'en croit pas ses yeux.

— Vous ne pensiez tout de même pas que

j'allais vous laisser perdre sans moi ? dit-elle en s'avançant au milieu de l'équipe médusée.

— Mais enfin, Tia, et tes parents ? balbutie Aarch déconcerté.

Elle se contente de répliquer d'un haussement d'épaules.

***

Au central de télésurveillance, dans les sous-sols de la vaste résidence des diplomates, sur Obia, les deux gardiens ont fini par nourrir des soupçons. Celui spécialement chargé de veiller sur Tia notamment :

— Enfin je comprends pas, explique-t-il à son collègue. Il est bientôt midi, et la gamine roupille toujours comme un loir. D'habitude, à cette heure, ça fait un bail qu'elle est levée !

— Peut-être qu'elle a pris un somnifère ? suggère l'autre.

— Non, ça m'étonnerait. Ce qui m'intrigue surtout, c'est qu'elle ne bouge pas d'un poil. Ou, si elle bouge, c'est toujours de la même façon… Tiens, regarde, c'est au moins la troisième fois qu'elle se gratte le nez au même endroit !

— Ouais, c'est bizarre, admet le second agent. On devrait peut-être aller voir…

— Normalement, on n'a pas le droit de circuler dans la résidence, tu sais bien !

— « Normalement », ouais… Mais là, c'est pas normal. Et puis les rupins sont pas là. C'est pas leur domestique qui va nous chasser !

Quittant leur poste, les deux gardiens empruntent l'ascenseur pour gagner le niveau d'habitation. Ils se dirigent sans hésiter vers la chambre de Tia : ils connaissent la configuration des lieux par cœur, ils l'ont assez contemplée sur leurs écrans… En chemin, ils sont arrêtés par Stella, qui s'efforce de masquer son inquiétude par une expression sévère :

— Où allez-vous, messieurs ? Vous n'avez pas le droit d'être ici !

— Sécurité, madame. Laissez-nous passer.

Le plus mastoc des deux agents repousse la gouvernante contre le mur du couloir, orné de tableaux de grands maîtres.

— C'est la chambre de mademoiselle Tia par là ! s'écrie Stella alarmée. Elle a recommandé de ne pas la déranger…

— Ben voyons, ricane l'autre surveillant.

Tous deux parviennent devant la porte close, frappent pour la forme – pas de réponse –, l'ouvrent à l'aide d'un passe magnétique. Malgré l'immensité de la pièce, un simple coup d'œil leur suffit pour constater que le lit à baldaquin est vide.

— Mince, la môme s'est échappée !

— Mais comment… la caméra…

Le premier agent rejoint la statue de l'ange, où il découvre la supercherie : il arrache la caméra de Tia, la jette sur le lit.

— La vache ! Elle nous a bien eus…

— Il faut prévenir ses parents tout de suite ! s'exclame son collègue. Il n'est peut-être pas trop tard pour la rattraper.

— Tu parles ! Ça fait des heures qu'elle s'est barrée. Elle a dû rejoindre cette foutue équipe d'Akillian une fois de plus…

— Y a qu'à interroger la gouvernante, elle est sûrement dans le coup !

Stella, qui écoutait à la porte en se tordant les mains, s'éclipse en catimini vers la cuisine. Mais forcément ils la trouveront, la questionneront et, à un moment ou à un autre, elle sera bien obligée d'avouer… Elle sera sûrement renvoyée, mais ce n'est pas le plus important : l'important, c'est Tia, que la police va de nouveau rechercher…

Pauvre Tia.

16. La victoire

Pour la seconde mi-temps, Aarch, Clamp et Dame Simbaï ont réintégré leur nacelle, qui se hisse de nouveau sur son rail en grinçant péniblement. Chacun est assis devant sa console et ses écrans respectifs : Aarch suit en direct la configuration du jeu et les positions de chaque joueur, Clamp guette les manifestations du Souffle et contrôle les capteurs insérés dans les tenues, Dame Simbaï veille à la bonne forme des Snow-Kids. Une quatrième personne est adossée à une cloison, les bras croisés, l'air morose : Sined, mis sur la touche et remplacé par Tia.

C'est justement Tia que Clamp étudie dans son écran translucide : scan de son état physique, mesure de ses biorythmes, examen de sa jambe, niveau de son stress, évaluation de sa capacité à produire le Souffle…

— Tu as l'air inquiet, Clamp, remarque Dame Simbaï.

— Tia ne s'est même pas échauffée. Et puis elle n'a pas joué depuis sa blessure…

— Je l'ai examinée : tout va bien, elle est en excellente santé.

— C'est quand même un gros risque qu'on prend là…, insiste Clamp en frottant sa barbiche d'un air dubitatif.

— Prendre des risques, il n'y a plus que ça à faire, intervient Aarch. Je te rappelle que nous sommes menés 3-0 !

Dans son coin, Sined réprime un petit sourire chafouin : à croire que ça lui fait plaisir que son équipe perde…

Pendant ce temps, dans les vestiaires, Rocket briefe une dernière fois son équipe avant qu'elle aille rejoindre les Tigres Rouges sur la plate-forme centrale :

— … Et surtout, n'oubliez pas, ils sont à l'ouest au niveau du jeu aérien : alors je compte sur vous pour effectuer un maximum de centres en hauteur. Si on veut gagner, y a pas de mystère, faut qu'on se donne à fond, les gars. Y aura pas de seconde chance !

Pendant qu'il parle, marchant de long en large, Rocket ne prête pas attention aux expressions mitigées de ses camarades – pas même à celle de Tia : son demi-sourire et le regard empreint de tendresse qu'elle glisse dans son dos…

— Pour une fois, j'suis d'accord avec lui, glisse en aparté D'jok à Thran.

Mais il a oublié qu'il possède une oreillette, et que celle-ci est connectée à la nacelle.

— Tu dois être *toujours* d'accord avec lui, D'jok ! tonne la voix d'Aarch dans son écouteur et dans celui de chacun. Rocket est votre capitaine, tâchez de garder ça dans un coin de votre tête !

Les Snow-Kids rejoignent les Tigres Rouges sur la plate-forme, qui monte au niveau de la pelouse tandis que s'égrènent les dernières secondes du compte à rebours. À son tour, Tia contemple, émerveillée, l'ampleur majestueuse de l'Arena Stadium, sa splendeur passée désormais rouillée, encore gelée par endroits, détériorée çà et là, ayant durement subi les outrages de la glace et du temps… et les gradins vides, où seuls quelques stalactites récalcitrantes assistent, impassibles, à la lutte héroïque des Snow-Kids pour gagner leur place dans la Galactik Football Cup.

— C'est pas vrai ! Mais qu'est-ce qu'elle fait là, elle ?

Sidéré, Artegor Nexus vient de découvrir sur ses moniteurs la présence de Tia parmi les Snow-Kids.

— Aarch, je ne sais pas comment tu t'es débrouillé, mais une chose est sûre, tu ne t'en tireras pas aussi facilement, grince-t-il entre ses dents serrées. (Il empoigne le micro de communication avec son équipe.) Écoutez-moi bien, tous autant que vous êtes. Méfiez-vous de la numéro 4 ! Marquez-la de très près, ne la lâchez pas ! Elle est très dangereuse !

Les deux défenseurs tigres rouges échangent un regard à travers leur masque : message reçu cinq sur cinq.

De son côté, Aarch adresse un dernier encouragement à son équipe :

— Il vous reste une mi-temps pour prouver votre vraie valeur. Je compte sur vous, les Snow-Kids !

Là aussi, le message est bien reçu : D'jok esquisse un sourire conquérant, Thran et Meï, à l'arrière, échangent un signe de tête complice, et Rocket, en gagnant sa place, donne une tape sur l'épaule de Micro-Ice en lui glissant :

— Allez, courage…

En face, les Tigres Rouges ressentent sans doute cette volonté farouche qui anime les Snow-Kids, car l'un d'eux tente de déstabiliser Rocket en lui montrant du doigt la position de son goal : appuyé contre un poteau, Ahito pique un roupillon…

« 0 », affiche le compte à rebours.

Le ballon jaillit du trou central. D'jok bondit pour le récupérer mais cette fois son adversaire est plus rapide. Repoussant Micro-Ice venu à la rescousse, les Tigres Rouges lancent leur première attaque.

À la Cafétéria, les supporters, qui eux aussi ont décelé la nouvelle détermination des Snow-Kids renforcés par Tia, encouragent leur équipe comme s'ils étaient sur les gradins :

« Ouais ! – T'as vu la passe ? – Et la feinte, là ? – Quelle technique ! – Vas-y, passe-la ! – Joli ! – Ouais... – Vas-y, attaque ! – Mais non, à gauche ! – Ouh ! là là là là... – Ouais, passe ! – Mais tire, bon sang !... »

— Alors dis-moi, Maïa, demande Gaïl, est-ce que ta boule de cristal t'a prédit le score à la fin du match ?

— Pas besoin de boule de cristal pour ça. Regarde-les, ça se voit tout de suite qu'ils ont décidé de reprendre les choses en main !

— La seconde mi-temps est déjà bien engagée et le score est toujours de 3 à 0 en faveur des Tigres Rouges, commente Callie Mystie d'un ton excité. Mais Rocket a la balle et paraît très déterminé, Rocket qui passe en profondeur à Tia, eh oui ! La jeune Tia qui a remplacé Sined et qui, je vous le rappelle, possède le Souffle d'Akillian ! Cette nouvelle donne va-t-elle modifier l'issue du match, qui jusque-là donnait les Snow-Kids perdants à 100 contre 1 ?

En effet Rocket a la « niaque » : dents serrées, rage au cœur, il vient de dribbler deux Tigres Rouges et passe à Tia en un beau tir lobé dont il a le secret, en l'exhortant de la voix :

— À toi de jouer, Tia ! *Allez !*

Suivant des yeux la trajectoire aérienne du ballon, Tia se concentre…

— Elle s'apprête à utiliser le Souffle ! avertit Clamp, les yeux rivés sur son moniteur où les données physiologiques viennent brusquement de changer.

Un sourire étire les lèvres d'Aarch – le premier depuis le début du match.

Tandis que les défenseurs des Tigres Rouges se ruent vers elle, Tia, auréolée de lueurs bleuâtres, sent cette énergie prodigieuse l'envahir… Comme les fois précédentes, tout semble ralentir autour d'elle : le ballon paraît suspendu en l'air, les deux joueurs noir et rouge rampent lourdement à sa rencontre… L'énergie en elle atteignant son paroxysme, elle se ramasse et bondit – décolle en vrille sur une colonne de feu bleuté, à la rencontre du ballon que son pied percute en un retourné acrobatique. La balle fuse tel un obus droit dans les buts adverses – le goal des Tigres Rouges ne l'a même pas vue venir.

« 3-1 », affichent les compteurs géants sous la passerelle technique.

— Génial ! crie Clamp en sautillant sur son fauteuil. Bien joué !

Tia est retombée en souplesse sur le terrain, le Souffle la quitte en une brume opaline... Elle promène autour d'elle un regard un peu étonné – sur les adversaires sidérés, sur son équipe épatée qui accourt pour lui faire la fête.

— Et c'est le *buuuuut* ! crie Callie au comble de l'excitation. Grâce à Tia, les Snow-Kids reviennent au score ! Décidément, cette jeune fille est incroyable !

Personne ne l'écoute dans la Cafétéria, où c'est l'effervescence. Les supporters se joignent virtuellement à l'équipe pour fêter Tia, les parents des joueurs communient dans un grand élan de solidarité : même la mère de Meï acclame Tia, et Diran, le père de Thran et d'Ahito, émerge de son sommeil pour lever les bras en l'air et crier victoire, à la grande surprise de sa femme qui ne l'a jamais vu si excité.

Le seul à ne manifester aucune joie est Artegor Nexus, qui rugit dans sa nacelle comme un lion en cage.

Ragaillardis, les Snow-Kids reprennent férocement du poil de la bête. Thran et Meï collent les attaquants des Tigres Rouges comme des sangsues, les empêchant de conclure toute action.

D'jok et Rocket emmènent souvent le ballon devant les buts adverses, donnant du fil à retordre à leurs défenseurs. Micro-Ice jongle tellement avec la balle qu'il désoriente ceux qui le marquent, et, n'oubliant pas les instructions de son capitaine, passe à Tia très en hauteur – Tia qui a été tacitement promue buteuse numéro un. Elle utilise une nouvelle fois le Souffle pour effectuer un salto à la volée et propulser le ballon dans les buts adverses. Cette fois le goal parvient à le dévier, mais pas suffisamment : il va s'encastrer à l'angle des filets, qu'il distend à la limite du point de rupture.

3-2 : les Snow-Kids sentent le spectre noir de la défaite s'éloigner de leurs épaules…

Dans sa nacelle, Artegor fulmine au point que le Smog Shadow suinte de lui en sombres fumerolles.

— Combien de fois faudra-t-il que je vous le répète ? vocifère-t-il dans son micro. Ne la lâchez surtout pas ! Faites des fautes s'il le faut, mais *mettez-la hors-jeu !*

Meï a réussi à faucher le ballon à l'attaquante vedette des Tigres Rouges, et le passe à Tia qui court en cherchant Rocket du regard : ses tirs en chandelle sont parfaits pour que, propulsée par le Souffle, elle percute le ballon de son pied magique… Elle ne voit pas les deux défenseurs tigres rouges accourir derrière elle et, avec un bel ensemble, lancer leurs pieds dans ses jambes.

Culbutée en pleine course, Tia décolle du sol, retombe sur le dos de tout son poids… et ne bouge plus, sonnée.

***

— Fauaute ! Faute des Tigres Rouges ! s'époumone Callie en même temps que la borne-arbitre glisse au bord du terrain, sifflant et clignotant.

— *Tia !!* (Rocket se précipite, bousculant les deux défenseurs.) Tia ! Ça va ? Réponds-moi ! s'écrie-t-il en s'agenouillant devant elle.

D'jok, de son côté, houspille les joueurs fautifs :

— Ça va pas, non ? Vous êtes malades ?

Ceux-ci haussent les épaules : ils sont couverts par leur entraîneur…

— Aïe aïe aïe ! Tia ne se relève pas, le coup a été rude, commente Callie Mystie. Va-t-elle devoir être évacuée ?

Des flocons de neige épars tombent doucement du ciel sur le terrain, comme si des anges venaient chercher l'âme de Tia…

— Simbaï, dis-moi qu'elle n'a pas été durement touchée, s'inquiète Aarch.

Dame Simbaï ne répond pas tout de suite : elle surveille dans son écran les fonctions vitales de Tia qui lentement, une à une, repassent dans le vert…

— Je crois que ça ira, Aarch. Plus de peur que de mal… On n'aura pas besoin d'envoyer la civière.

Le sourire de triomphe que Sined esquissait dans son coin s'efface : « envoyer la civière » signifiait évacuer Tia du terrain, donc la remplacer… Sa chance de briller une dernière fois en montrant ses capacités s'éloigne : qui pourra le remarquer dans cette obscure nacelle ?

Allongée sur la pelouse, Tia ouvre lentement les yeux… sur le visage inquiet de Rocket penché sur elle. Elle lui sourit… Il sourit à son tour, exhale un soupir de soulagement, l'aide à se relever.

Dans la chute de neige qui s'intensifie, les deux cages d'exclusion descendent des hauteurs et enveloppent de leur halo rouge les joueurs fautifs, qui sont soulevés à dix mètres du sol et seront exclus du jeu pendant cinq minutes.

Là où est tombée Tia, non loin des buts des Tigres Rouges, les Snow-Kids préparent le coup franc. Tandis que les trois défenseurs forment le mur, D'jok, en sa qualité d'attaquant et de buteur, s'avance pour disposer le ballon. Rocket l'arrête en lui saisissant le bras :

— Laisse, je vais le tirer.

D'jok opine d'un signe de tête et recule.

— Rocket vient de remplacer D'jok pour le coup franc. À voir son expression, on dirait qu'il en fait une affaire personnelle..., commente Callie Mystie, à qui rien n'échappe.

Rocket place soigneusement le ballon sur la pelouse qui commence à se couvrir d'une fine pellicule de neige. Il recule de quelques pas, évalue du regard la distance, l'obstacle du mur, la position du goal dans les cages... « Pas plus dur que le trou numéro 10 dans ma grotte », se persuade-t-il. Il se concentre, ferme un instant les yeux, puis s'élance... et tire !

Le ballon fuse, les défenseurs du mur bondissent ; il frôle leurs têtes, les doigts du gardien qui a jailli, la barre supérieure des buts… et s'enfonce au fond des filets.

3-3. Égalité.

Rocket ne se réjouit même pas : pour lui, ce ballon est une balle tirée en plein cœur du goal tigre rouge, en représailles de celles, simulées, que décochait leur attaquante à chaque fois qu'elle humiliait Ahito, lors de la première mi-temps. En représailles également du tacle fourbe et méchant infligé à Tia, à seule fin de la mettre hors-jeu, a-t-il compris. Sans connaître les dessous de l'affaire, il a quand même entendu parler de la farouche opposition entre Aarch et Artegor Nexus…

Dans la Cafétéria, c'est l'effervescence. Dans la nacelle d'Aarch également. Personne ne prête attention à Sined, qui s'éclipse en catimini…

Les Tigres Rouges réalisent soudain que la victoire ne leur est peut-être pas acquise comme ils le croyaient. Cette révélation décuple leur ardeur et ils repartent à l'attaque, plus agressifs et déterminés que jamais. Face à eux, les Snow-Kids se défendent comme des lions, mais ils sont à bout de souffle. Taclé par un ailier, Micro-Ice peine à se relever, transpirant, haletant. D'jok n'arrive plus à courir assez vite pour récupérer les longues passes que lui tirent Rocket ou Meï. Thran ne remonte plus le terrain, se cantonnant à son rôle de défenseur. Même Tia ne parvient pas à retrouver le Souffle…

— Aarch, ils sont tous épuisés, annonce Dame Simbaï, qui voit s'allumer plusieurs voyants d'alerte orange et rouges dans son écran. Ils ne tiendront jamais le coup en cas de prolongations. Il faut qu'ils marquent un but avant la fin de la mi-temps…

Aarch jette un œil au compte à rebours, qui s'égrène en chiffres géants dans les écrans au-dessous de la passerelle technique.

— Il vous reste à peine une minute pour marquer ! avertit-il dans son micro. Dites-vous que c'est la minute la plus importante de votre vie ! Si on gagne ce match, on participera à la Cup !

Ces paroles galvanisent les Snow-Kids : Meï parvient à stopper une attaque adverse et part à l'assaut, balle au pied. Elle ne va pas loin, taclée par un ailier, mais Rocket récupère la balle. Il cherche Tia du regard pour la lui envoyer en un beau tir lobé comme il sait si bien le faire. Une demi-seconde d'hésitation – trop tard : il est taclé à son tour, juste au moment où il tire. Dévié, le ballon n'est plus propulsé vers Tia mais vers D'jok à l'avant, pris en sandwich par deux joueurs. Impossible de le récupérer dans ces conditions…

« Il faut que je marque ce but ! Il faut que je marque ce but ! » s'exhorte-t-il, comme une litanie, une prière, un mantra… Soudain, il sent une étrange énergie l'envahir, une puissance phénoménale qu'il n'a jamais connue, surtout en fin de match… Des aigrettes bleues s'échappent de ses doigts, de ses yeux, de sa tête – il ne les remarque pas, il ne voit rien d'autre que ce ballon là-haut, qui tournoie sur lui-même et met un temps infini à redescendre, et ces deux Tigres Rouges qui s'agitent autour de lui comme des gnoks balourds. Il lui suffit de bondir par-dessus, oui c'est ça, bondir – il a des ressorts dans les jambes, des fusées sous les pieds, c'est facile, l'énergie le porte, le pousse, le propulse... D'jok jaillit sur une colonne de feu bleuté, décolle à la rencontre du ballon qui tourbillonne dans les airs, pivote sur lui-même et *tire*. La balle fuse à la vitesse d'un boulet de canon, percute le goal tigre rouge en plein dans l'estomac et le pousse au fond de sa cage où il s'effondre, à demi inconscient.

4-3 pour les Snow-Kids.

D'jok rejoint le sol comme il a vu Tia le faire à plusieurs reprises : un genou à terre, les bras étendus... Cette énergie fantastique, qui l'a porté à une hauteur faramineuse, il la sent refluer comme une marée, laissant en lui un limon vaseux d'épuisement, pénible et désagréable. Il ne réalise pas encore bien ce qui lui est arrivé...

— Le Souffle ! s'écrie Clamp émerveillé.

— Oui, le Souffle, opine Aarch. Je savais qu'il reviendrait...

Debout mais tremblant sur ses jambes, D'jok contemple ses mains d'où ne jaillit plus aucune étincelle, mais qu'il sent encore crépitantes sous sa peau. Des frissons électriques parcourent tout son corps, tandis que la lumière se fait jour en lui : il a utilisé le Souffle...

— Yeeeaaah !!!

Il lève le poing au ciel, comme s'il voulait capter ou retenir encore un peu de cette super énergie qui s'est enfuie maintenant. Ses coéquipiers accourent, le bousculent, lui sautent dessus, l'étreignent, l'embrassent... Puis, tandis que retentit le gong de fin de match, tous se mettent en ligne pour adresser aux Tigres Rouges déconfits le V de la victoire... C'est alors qu'Ahito s'effondre, à bout de forces.

C'est la fête aussi dans la nacelle : Dame Simbaï applaudit, Clamp sautille sur place en clamant des « ouais, ouais » peu dignes de son statut de scientifique, et Aarch se frotte le menton, les yeux dans le vague, ou plutôt perdus à l'horizon éclatant de la destinée grandiose qu'il entrevoit pour les Snow-Kids...

Dans la nacelle concurrente, en revanche, Artegor Nexus se laisse aller à suppurer du Smog par tous les pores de sa peau.

— Tôt ou tard, tu me retrouveras sur ta route, Aarch, je te le promets, enrage-t-il en tapant du poing sur sa console. Et, ce jour-là, c'est moi qui remporterai la victoire !

Table